AFRIKAANS

VOCABULAIRE

POUR L'AUTOFORMATION

FRANÇAIS AFRIKAANS

Les mots les plus utiles
Pour enrichir votre vocabulaire et aiguiser
vos compétences linguistiques

7000 mots

Vocabulaire Français-Afrikaans pour l'autoformation. 7000 mots

Par Andrey Taranov

Les dictionnaires T&P Books ont pour but de vous aider à apprendre, à mémoriser et à réviser votre vocabulaire en langue étrangère. Ce dictionnaire thématique couvre tous les grands domaines du quotidien: l'économie, les sciences, la culture, etc ...

Acquérir du vocabulaire avec les dictionnaires thématiques T&P Books vous offre les avantages suivants:

- Les données d'origine sont regroupées de manière cohérente, ce qui vous permet une mémorisation lexicale optimale
- La présentation conjointe de mots ayant la même racine vous permet de mémoriser des groupes sémantiques entiers (plutôt que des mots isolés)
- Les sous-groupes sémantiques vous permettent d'associer les mots entre eux de manière logique, ce qui facilite votre consolidation du vocabulaire
- Votre maîtrise de la langue peut être évaluée en fonction du nombre de mots acquis

T&P Books Publishing
www.tpbooks.com

ISBN: 978-1-78716-488-8

Ce livre existe également en format électronique.
Pour plus d'informations, veuillez consulter notre site: www.tpbooks.com ou rendez-vous sur ceux des grandes librairies en ligne.

VOCABULAIRE AFRIKAANS POUR L'AUTOFORMATION
Dictionnaire thématique

Les dictionnaires T&P Books ont pour but de vous aider à apprendre, à mémoriser et à réviser votre vocabulaire en langue étrangère. Ce lexique présente, de façon thématique, plus de 7000 mots les plus fréquents de la langue.

- Ce livre comporte les mots les plus couramment utilisés
- Son usage est recommandé en complément de l'étude de toute autre méthode de langue
- Il répond à la fois aux besoins des débutants et à ceux des étudiants en langues étrangères de niveau avancé
- Il est idéal pour un usage quotidien, des séances de révision ponctuelles et des tests d'auto-évaluation
- Il vous permet de tester votre niveau de vocabulaire

Spécificités de ce dictionnaire thématique:

- Les mots sont présentés de manière sémantique, et non alphabétique
- Ils sont répartis en trois colonnes pour faciliter la révision et l'auto-évaluation
- Les groupes sémantiques sont divisés en sous-groupes pour favoriser l'apprentissage
- Ce lexique donne une transcription simple et pratique de chaque mot en langue étrangère

Ce dictionnaire comporte 198 thèmes, dont:

les notions fondamentales, les nombres, les couleurs, les mois et les saisons, les unités de mesure, les vêtements et les accessoires, les aliments et la nutrition, le restaurant, la famille et les liens de parenté, le caractère et la personnalité, les sentiments et les émotions, les maladies, la ville et la cité, le tourisme, le shopping, l'argent, la maison, le foyer, le bureau, la vie de bureau, l'import-export, le marketing, la recherche d'emploi, les sports, l'éducation, l'informatique, l'Internet, les outils, la nature, les différents pays du monde, les nationalités, et bien d'autres encore ...

TABLE DES MATIÈRES

GUIDE DE PRONONCIATION

Alphabet phonétique T&P	Exemple en afrikaans	Exemple en français
[a]	**land**	classe
[ā]	**straat**	camarade
[æ]	**hout**	maire
[o], [ɔ]	**Australië**	normal
[e]	**metaal**	équipe
[ɛ]	**aanlê**	faire
[ə]	**filter**	record
[ɪ]	**uur**	capital
[i]	**billik**	stylo
[ī]	**naïef**	liste
[o]	**koppie**	normal
[ø]	**akteur**	peu profond
[œ]	**fluit**	neuf
[u]	**hulle**	boulevard
[ʊ]	**hout**	groupe
[b]	**bakker**	bureau
[d]	**donder**	document
[f]	**navraag**	formule
[g]	**burger**	gris
[h]	**driehoek**	[h] aspiré
[j]	**byvoeg**	maillot
[k]	**kamera**	bocal
[l]	**loon**	vélo
[m]	**môre**	minéral
[n]	**neef**	ananas
[p]	**pyp**	panama
[r]	**rigting**	racine, rouge
[s]	**oplos**	syndicat
[t]	**lood, tenk**	tennis
[v]	**bewaar**	rivière
[w]	**oorwinnaar**	iguane
[z]	**zoem**	gazeuse
[ʤ]	**enjin**	adjoint
[ʃ]	**artisjok**	chariot
[ŋ]	**kans**	parking
[ʧ]	**tjek**	match
[ʒ]	**beige**	jeunesse
[x]	**agent**	scots - nicht, allemand - Dach

ABRÉVIATIONS
employées dans ce livre

Abréviations en français

adj	-	adjective
adv	-	adverbe
anim.	-	animé
conj	-	conjonction
dénombr.	-	dénombrable
etc.	-	et cetera
f	-	nom féminin
f pl	-	féminin pluriel
fam.	-	familiar
fem.	-	féminin
form.	-	formal
inanim.	-	inanimé
indénombr.	-	indénombrable
m	-	nom masculin
m pl	-	masculin pluriel
m, f	-	masculin, féminin
masc.	-	masculin
math	-	mathematics
mil.	-	militaire
pl	-	pluriel
prep	-	préposition
pron	-	pronom
qch	-	quelque chose
qn	-	quelqu'un
sing.	-	singulier
v aux	-	verbe auxiliaire
v imp	-	verbe impersonnel
vi	-	verbe intransitif
vi, vt	-	verbe intransitif, transitif
vp	-	verbe pronominal
vt	-	verbe transitif

CONCEPTS DE BASE

Concepts de base. Partie 1

1. Les pronoms

je	**ek, my**	[ɛk], [maj]
tu	**jy**	[jaj]
il	**hy**	[haj]
elle	**sy**	[saj]
ça	**dit**	[dit]
nous	**ons**	[ɔŋs]
vous	**julle**	[julle]
vous (form., sing.)	**u**	[u]
vous (form., pl)	**u**	[u]
ils, elles	**hulle**	[hullə]

2. Adresser des vœux. Se dire bonjour. Se dire au revoir

Bonjour! (fam.)	**Hallo!**	[hallo!]
Bonjour! (form.)	**Hallo!**	[hallo!]
Bonjour! (le matin)	**Goeie môre!**	[χuje mɔrə!]
Bonjour! (après-midi)	**Goeiemiddag!**	[χuje·middaχ!]
Bonsoir!	**Goeienaand!**	[χuje·nānt!]
dire bonjour	**dagsê**	[daχsɛ:]
Salut!	**Hallo!**	[hallo!]
salut (m)	**groet**	[χrut]
saluer (vt)	**groet**	[χrut]
Comment ça va?	**Hoe gaan dit?**	[hu χān dit?]
Comment allez-vous?	**Hoe gaan dit?**	[hu χān dit?]
Quoi de neuf?	**Hoe gaan dit?**	[hu χān dit?]
Au revoir! (form.)	**Totsiens!**	[totsiŋs!]
Au revoir! (fam.)	**Koebaai!**	[kubāi!]
À bientôt!	**Totsiens!**	[totsiŋs!]
Adieu!	**Totsiens!**	[totsiŋs!]
Adieu! (fam.)	**Mooi loop!**	[moj loəp!]
Adieu! (form.)	**Vaarwel!**	[fārwel!]
dire au revoir	**afskeid neem**	[afskæjt neəm]
Salut! (À bientôt!)	**Koebaai!**	[kubāi!]
Merci!	**Dankie!**	[danki!]
Merci beaucoup!	**Baie dankie!**	[baje danki!]
Je vous en prie	**Plesier**	[plesir]

Il n'y a pas de quoi	**Plesier!**	[plesir!]
Pas de quoi	**Plesier**	[plesir]
Excuse-moi!	**Ekskuus!**	[ɛkskɪs!]
Excusez-moi!	**Verskoon my!**	[ferskoən maj!]
excuser (vt)	**verskoon**	[ferskoən]
s'excuser (vp)	**verskoning vra**	[ferskoniŋ fra]
Mes excuses	**Verskoning**	[ferskoniŋ]
Pardonnez-moi!	**Ek is jammer!**	[ɛk is jammər!]
pardonner (vt)	**vergewe**	[ferχevə]
C'est pas grave	**Maak nie saak nie!**	[māk ni sāk ni!]
s'il vous plaît	**asseblief**	[asseblif]
N'oubliez pas!	**Vergeet dit nie!**	[ferχeət dit ni!]
Bien sûr!	**Beslis!**	[beslis!]
Bien sûr que non!	**Natuurlik nie!**	[natɪrlik ni!]
D'accord!	**OK!**	[okej!]
Ça suffit!	**Dis genoeg!**	[dis χenuχ!]

3. Les nombres cardinaux. Partie 1

zéro	**nul**	[nul]
un	**een**	[eən]
deux	**twee**	[tweə]
trois	**drie**	[dri]
quatre	**vier**	[fir]
cinq	**vyf**	[fajf]
six	**ses**	[ses]
sept	**sewe**	[sevə]
huit	**ag**	[aχ]
neuf	**nege**	[neχə]
dix	**tien**	[tin]
onze	**elf**	[ɛlf]
douze	**twaalf**	[twālf]
treize	**dertien**	[dertin]
quatorze	**veertien**	[feərtin]
quinze	**vyftien**	[fajftin]
seize	**sestien**	[sestin]
dix-sept	**sewetien**	[sevətin]
dix-huit	**agtien**	[aχtin]
dix-neuf	**negetien**	[neχetin]
vingt	**twintig**	[twintəχ]
vingt et un	**een-en-twintig**	[eən-en-twintəχ]
vingt-deux	**twee-en-twintig**	[tweə-en-twintəχ]
vingt-trois	**drie-en-twintig**	[dri-en-twintəχ]
trente	**dertig**	[dertəχ]
trente et un	**een-en-dertig**	[eən-en-dertəχ]

trente-deux	**twee-en-dertig**	[twee-en-dertəχ]
trente-trois	**drie-en-dertig**	[dri-en-dertəχ]
quarante	**veertig**	[feərtəχ]
quarante et un	**een-en-veertig**	[eən-en-feərtəχ]
quarante-deux	**twee-en-veertig**	[tweə-en-feərtəχ]
quarante-trois	**vier-en-veertig**	[fir-en-feərtəχ]
cinquante	**vyftig**	[fajftəχ]
cinquante et un	**een-en-vyftig**	[eən-en-fajftəχ]
cinquante-deux	**twee-en-vyftig**	[tweə-en-fajftəχ]
cinquante-trois	**drie-en-vyftig**	[dri-en-fajftəχ]
soixante	**sestig**	[sestəχ]
soixante et un	**een-en-sestig**	[eən-en-sestəχ]
soixante-deux	**twee-en-sestig**	[tweə-en-sestəχ]
soixante-trois	**drie-en-sestig**	[dri-en-sestəχ]
soixante-dix	**sewentig**	[seventəχ]
soixante et onze	**een-en-sewentig**	[eən-en-seventəχ]
soixante-douze	**twee-en-sewentig**	[tweə-en-seventəχ]
soixante-treize	**drie-en-sewentig**	[dri-en-seventəχ]
quatre-vingts	**tagtig**	[taχtəχ]
quatre-vingt et un	**een-en-tagtig**	[eən-en-taχtəχ]
quatre-vingt deux	**twee-en-tagtig**	[tweə-en-taχtəχ]
quatre-vingt trois	**drie-en-tagtig**	[dri-en-taχtəχ]
quatre-vingt-dix	**negentig**	[neχentəχ]
quatre-vingt et onze	**een-en-negentig**	[eən-en-neχentəχ]
quatre-vingt-douze	**twee-en-negentig**	[tweə-en-neχentəχ]
quatre-vingt-treize	**drie-en-negentig**	[dri-en-neχentəχ]

4. Les nombres cardinaux. Partie 2

cent	**honderd**	[hondərt]
deux cents	**tweehonderd**	[twee·hondərt]
trois cents	**driehonderd**	[dri·hondərt]
quatre cents	**vierhonderd**	[fir·hondərt]
cinq cents	**vyfhonderd**	[fajf·hondərt]
six cents	**seshonderd**	[ses·hondərt]
sept cents	**sewehonderd**	[sevə·hondərt]
huit cents	**aghonderd**	[aχ·hondərt]
neuf cents	**negehonderd**	[neχə·hondərt]
mille	**duisend**	[dœisent]
deux mille	**tweeduisend**	[twee·dœisent]
trois mille	**drieduisend**	[dri·dœisent]
dix mille	**tienduisend**	[tin·dœisent]
cent mille	**honderdduisend**	[hondərt·dajsent]
million (m)	**miljoen**	[miljun]
milliard (m)	**miljard**	[miljart]

5. Les nombres. Fractions

fraction (f)	**breuk**	[brøək]
un demi	**helfte**	[hɛlftə]
un tiers	**derde**	[derdə]
un quart	**kwart**	[kwart]
un huitième	**agste**	[aχstə]
un dixième	**tiende**	[tində]
deux tiers	**twee derde**	[tweə derdə]
trois quarts	**driekwart**	[drikwart]

6. Les nombres. Opérations mathématiques

soustraction (f)	**aftrekking**	[aftrɛkkiŋ]
soustraire (vt)	**aftrek**	[aftrek]
division (f)	**deling**	[deliŋ]
diviser (vt)	**deel**	[deəl]
addition (f)	**optelling**	[optɛlliŋ]
additionner (vt)	**optel**	[optəl]
ajouter (vt)	**optel**	[optəl]
multiplication (f)	**vermenigvuldiging**	[fermeniχ·fuldəχiŋ]
multiplier (vt)	**vermenigvuldig**	[fermeniχ·fuldəχ]

7. Les nombres. Divers

chiffre (m)	**syfer**	[sajfər]
nombre (m)	**nommer**	[nommər]
adjectif (m) numéral	**telwoord**	[tɛlwoərt]
moins (m)	**minusteken**	[minus·tekən]
plus (m)	**plusteken**	[plus·tekən]
formule (f)	**formule**	[formulə]
calcul (m)	**berekening**	[berekeniŋ]
compter (vt)	**tel**	[təl]
calculer (vt)	**optel**	[optəl]
comparer (vt)	**vergelyk**	[ferχəlajk]
Combien?	**Hoeveel?**	[hufeəl?]
somme (f)	**som, totaal**	[som], [totāl]
résultat (m)	**resultaat**	[resultāt]
reste (m)	**oorskot**	[oərskot]
peu de ...	**min**	[min]
reste (m)	**die res**	[di res]
douzaine (f)	**dosyn**	[dosajn]
en deux (adv)	**middeldeur**	[middəldøər]
en parties égales	**gelyk**	[χelajk]
moitié (f)	**helfte**	[hɛlftə]
fois (f)	**maal**	[māl]

8. Les verbes les plus importants. Partie 1

aider (vt)	**help**	[hɛlp]
aimer (qn)	**liefhê**	[lifhɛ:]
aller (à pied)	**gaan**	[χān]
apercevoir (vt)	**raaksien**	[rāksin]
appartenir à ...	**behoort aan ...**	[behoərt ān ...]
appeler (au secours)	**roep**	[rup]
attendre (vt)	**wag**	[vaχ]
attraper (vt)	**vang**	[faŋ]
avertir (vt)	**waarsku**	[vārsku]
avoir (vt)	**hê**	[hɛ:]
avoir confiance	**vertrou**	[fertræʊ]
avoir faim	**honger wees**	[hoŋər veəs]
avoir peur	**bang wees**	[baŋ veəs]
avoir soif	**dors wees**	[dors veəs]
cacher (vt)	**wegsteek**	[veχsteək]
casser (briser)	**breek**	[breək]
cesser (vt)	**ophou**	[ophæʊ]
changer (vt)	**verander**	[ferandər]
chasser (animaux)	**jag**	[jaχ]
chercher (vt)	**soek ...**	[suk ...]
choisir (vt)	**kies**	[kis]
commander (~ le menu)	**bestel**	[bestəl]
commencer (vt)	**begin**	[beχin]
comparer (vt)	**vergelyk**	[ferχəlajk]
comprendre (vt)	**verstaan**	[ferstān]
compter (dénombrer)	**tel**	[təl]
compter sur ...	**reken op ...**	[reken op ...]
confondre (vt)	**verwar**	[ferwar]
connaître (qn)	**ken**	[ken]
conseiller (vt)	**aanraai**	[ānrāi]
continuer (vt)	**aangaan**	[ānχān]
contrôler (vt)	**kontroleer**	[kontroleər]
courir (vi)	**hardloop**	[hardloəp]
coûter (vt)	**kos**	[kos]
créer (vt)	**skep**	[skep]
creuser (vt)	**grawe**	[χravə]
crier (vi)	**skreeu**	[skriʊ]

9. Les verbes les plus importants. Partie 2

décorer (~ la maison)	**versier**	[fersir]
défendre (vt)	**verdedig**	[ferdedəχ]
déjeuner (vi)	**gaan eet**	[χān eət]
demander (~ l'heure)	**vra**	[fra]

demander (de faire qch)	**vra**	[fra]
descendre (vi)	**afkom**	[afkom]
deviner (vt)	**raai**	[rāi]
dîner (vi)	**aandete gebruik**	[āndetə χebrœik]
dire (vt)	**sê**	[sɛ:]
diriger (~ une usine)	**beheer**	[beheər]
discuter (vt)	**bespreek**	[bespreək]
donner (vt)	**gee**	[χeə]
douter (vt)	**twyfel**	[twajfəl]
écrire (vt)	**skryf**	[skrajf]
entendre (bruit, etc.)	**hoor**	[hoər]
entrer (vi)	**binnegaan**	[binnəχān]
envoyer (vt)	**stuur**	[stɪr]
espérer (vi)	**hoop**	[hoəp]
essayer (vt)	**probeer**	[probeər]
être (vi)	**wees**	[veəs]
être d'accord	**saamstem**	[sāmstem]
être nécessaire	**nodig wees**	[nodəχ veəs]
être pressé	**opskud**	[opskut]
étudier (vt)	**studeer**	[studeər]
excuser (vt)	**verskoon**	[ferskoən]
exiger (vt)	**eis**	[æjs]
exister (vi)	**bestaan**	[bestān]
expliquer (vt)	**verduidelik**	[ferdœidəlik]
faire (vt)	**doen**	[dun]
faire tomber	**laat val**	[lāt fal]
finir (vt)	**klaarmaak**	[klārmāk]
garder (conserver)	**bewaar**	[bevār]
gronder, réprimander (vt)	**uitvaar teen**	[œitfār teən]
informer (vt)	**in kennis stel**	[in kɛnnis stəl]
insister (vi)	**aandring**	[āndriŋ]
insulter (vt)	**beledig**	[beledəχ]
inviter (vt)	**uitnooi**	[œitnoj]
jouer (s'amuser)	**speel**	[speəl]

10. Les verbes les plus importants. Partie 3

libérer (ville, etc.)	**bevry**	[befraj]
lire (vi, vt)	**lees**	[leəs]
louer (prendre en location)	**huur**	[hɪr]
manquer (l'école)	**bank**	[bank]
menacer (vt)	**dreig**	[dræjχ]
mentionner (vt)	**verwys na**	[ferwajs na]
montrer (vt)	**wys**	[vajs]
nager (vi)	**swem**	[swem]
objecter (vt)	**beswaar maak**	[beswār māk]
observer (vt)	**waarneem**	[vārneəm]

ordonner (mil.)	**beveel**	[befeəl]
oublier (vt)	**vergeet**	[ferχeət]
ouvrir (vt)	**oopmaak**	[oəpmāk]
pardonner (vt)	**vergewe**	[ferχevə]
parler (vi, vt)	**praat**	[prāt]
participer à ...	**deelneem**	[deəlneəm]
payer (régler)	**betaal**	[betāl]
penser (vi, vt)	**dink**	[dink]
permettre (vt)	**toestaan**	[tustān]
plaire (être apprécié)	**hou van**	[hæʊ fan]
plaisanter (vi)	**grappies maak**	[χrappis māk]
planifier (vt)	**beplan**	[beplan]
pleurer (vi)	**huil**	[hœil]
posséder (vt)	**besit**	[besit]
pouvoir (v aux)	**kan**	[kan]
préférer (vt)	**verkies**	[ferkis]
prendre (vt)	**vat**	[fat]
prendre en note	**opskryf**	[opskrajf]
prendre le petit déjeuner	**ontbyt**	[ontbajt]
préparer (le dîner)	**kook**	[koək]
prévoir (vt)	**voorsien**	[foərsin]
prier (~ Dieu)	**bid**	[bit]
promettre (vt)	**beloof**	[beloəf]
prononcer (vt)	**uitspreek**	[œitspreək]
proposer (vt)	**voorstel**	[foərstəl]
punir (vt)	**straf**	[straf]

11. Les verbes les plus importants. Partie 4

recommander (vt)	**aanbeveel**	[ānbefeəl]
regretter (vt)	**jammer wees**	[jammər veəs]
répéter (dire encore)	**herhaal**	[herhāl]
répondre (vi, vt)	**antwoord**	[antwoərt]
réserver (une chambre)	**bespreek**	[bespreək]
rester silencieux	**stilbly**	[stilblaj]
réunir (regrouper)	**verenig**	[ferenəχ]
rire (vi)	**lag**	[laχ]
s'arrêter (vp)	**stilhou**	[stilhæʊ]
s'asseoir (vp)	**gaan sit**	[χān sit]
sauver (la vie à qn)	**red**	[ret]
savoir (qch)	**weet**	[veət]
se baigner (vp)	**gaan swem**	[χān swem]
se plaindre (vp)	**kla**	[kla]
se refuser (vp)	**weier**	[væjer]
se vanter (vp)	**spog**	[spoχ]
s'étonner (vp)	**verbaas wees**	[ferbās veəs]
s'excuser (vp)	**verskoning vra**	[ferskoniŋ fra]

signer (vt)	**teken**	[tekən]
signifier (vt)	**beteken**	[betekən]
s'intéresser (vp)	**belangstel in ...**	[belaŋstəl in ...]
sortir (aller dehors)	**uitgaan**	[œitχān]
sourire (vi)	**glimlag**	[χlimlaχ]
sous-estimer (vt)	**onderskat**	[ondərskat]
suivre ... (suivez-moi)	**volg ...**	[folχ ...]
tirer (vi)	**skiet**	[skit]
tomber (vi)	**val**	[fal]
toucher (avec les mains)	**aanraak**	[ānrāk]
tourner (~ à gauche)	**draai**	[drāi]
traduire (vt)	**vertaal**	[fertāl]
travailler (vi)	**werk**	[verk]
tromper (vt)	**bedrieg**	[bedrəχ]
trouver (vt)	**vind**	[fint]
tuer (vt)	**doodmaak**	[doədmāk]
vendre (vt)	**verkoop**	[ferkoəp]
venir (vi)	**aankom**	[ānkom]
voir (vt)	**sien**	[sin]
voler (avion, oiseau)	**vlieg**	[fliχ]
voler (qch à qn)	**steel**	[steəl]
vouloir (vt)	**wil**	[vil]

12. Les couleurs

couleur (f)	**kleur**	[kløər]
teinte (f)	**skakering**	[skakeriŋ]
ton (m)	**tint**	[tint]
arc-en-ciel (m)	**reënboog**	[reɛn·boəχ]
blanc (adj)	**wit**	[vit]
noir (adj)	**swart**	[swart]
gris (adj)	**grys**	[χrajs]
vert (adj)	**groen**	[χrun]
jaune (adj)	**geel**	[χeəl]
rouge (adj)	**rooi**	[roj]
bleu (adj)	**blou**	[blæʊ]
bleu clair (adj)	**ligblou**	[liχ·blæʊ]
rose (adj)	**pienk**	[pink]
orange (adj)	**oranje**	[oranje]
violet (adj)	**pers**	[pers]
brun (adj)	**bruin**	[brœin]
d'or (adj)	**goue**	[χæʊə]
argenté (adj)	**silweragtig**	[silweraχtəχ]
beige (adj)	**beige**	[bɛ:iʒ]
crème (adj)	**roomkleurig**	[roəm·kløərəχ]
turquoise (adj)	**turkoois**	[turkojs]

rouge cerise (adj)	**kersierooi**	[kersi·roj]
lilas (adj)	**lila**	[lila]
framboise (adj)	**karmosyn**	[karmosajn]
clair (adj)	**lig**	[liχ]
foncé (adj)	**donker**	[donkər]
vif (adj)	**helder**	[hɛldər]
de couleur (adj)	**kleurig**	[kløərəχ]
en couleurs (adj)	**kleur**	[kløər]
noir et blanc (adj)	**swart-wit**	[swart-wit]
unicolore (adj)	**effe**	[ɛffə]
multicolore (adj)	**veelkleurig**	[feəlkløərəχ]

13. Les questions

Qui?	**Wie?**	[vi?]
Quoi?	**Wat?**	[vat?]
Où? (~ es-tu?)	**Waar?**	[vār?]
Où? (~ vas-tu?)	**Waarheen?**	[vārheən?]
D'où?	**Waarvandaan?**	[vārfandān?]
Quand?	**Wanneer?**	[vanneər?]
Pourquoi? (~ es-tu venu?)	**Hoekom?**	[hukom?]
Pourquoi? (~ t'es pâle?)	**Hoekom?**	[hukom?]
À quoi bon?	**Vir wat?**	[fir vat?]
Comment?	**Hoe?**	[hu?]
Quel? (à ~ prix?)	**Watter?**	[vattər?]
Lequel?	**Watter een?**	[vattər eən?]
À qui? (pour qui?)	**Vir wie?**	[fir vi?]
De qui?	**Oor wie?**	[oər vi?]
De quoi?	**Oor wat?**	[oər vat?]
Avec qui?	**Met wie?**	[met vi?]
Combien?	**Hoeveel?**	[hufeəl?]

14. Les mots-outils. Les adverbes. Partie 1

Où? (~ es-tu?)	**Waar?**	[vār?]
ici (c'est ~)	**hier**	[hir]
là-bas (c'est ~)	**daar**	[dār]
quelque part (être)	**êrens**	[ærɛŋs]
nulle part (adv)	**nêrens**	[nærɛŋs]
près de ...	**by**	[baj]
près de la fenêtre	**by**	[baj]
Où? (~ vas-tu?)	**Waarheen?**	[vārheən?]
ici (Venez ~)	**hier**	[hir]
là-bas (j'irai ~)	**soontoe**	[soentu]
d'ici (adv)	**hiervandaan**	[hirfandān]

de là-bas (adv)	**daarvandaan**	[dārfandān]
près (pas loin)	**naby**	[nabaj]
loin (adv)	**ver**	[fer]
près de (~ Paris)	**naby**	[nabaj]
tout près (adv)	**naby**	[nabaj]
pas loin (adv)	**nie ver nie**	[ni fər ni]
gauche (adj)	**linker-**	[linkər-]
à gauche (être ~)	**op linkerhand**	[op linkərhant]
à gauche (tournez ~)	**na links**	[na links]
droit (adj)	**regter**	[reχtər]
à droite (être ~)	**op regterhand**	[op reχtərhant]
à droite (tournez ~)	**na regs**	[na reχs]
devant (adv)	**voor**	[foər]
de devant (adj)	**voorste**	[foərstə]
en avant (adv)	**vooruit**	[foərœit]
derrière (adv)	**agter**	[aχtər]
par derrière (adv)	**van agter**	[fan aχtər]
en arrière (regarder ~)	**agtertoe**	[aχtərtu]
milieu (m)	**middel**	[middəl]
au milieu (adv)	**in die middel**	[in di middəl]
de côté (vue ~)	**op die sykant**	[op di sajkant]
partout (adv)	**orals**	[orals]
autour (adv)	**orals rond**	[orals ront]
de l'intérieur	**van binne**	[fan binnə]
quelque part (aller)	**êrens**	[ærɛŋs]
tout droit (adv)	**reguit**	[reχœit]
en arrière (revenir ~)	**terug**	[teruχ]
de quelque part (n'import d'où)	**êrens vandaan**	[ærɛŋs fandān]
de quelque part (on ne sait pas d'où)	**êrens vandaan**	[ærɛŋs fandān]
premièrement (adv)	**in die eerste plek**	[in di eərstə plek]
deuxièmement (adv)	**in die tweede plek**	[in di tweədə plek]
troisièmement (adv)	**in die derde plek**	[in di derdə plek]
soudain (adv)	**skielik**	[skilik]
au début (adv)	**aan die begin**	[ān di beχin]
pour la première fois	**vir die eerste keer**	[fir di eərstə keər]
bien avant ...	**lank voordat ...**	[lank foərdat ...]
de nouveau (adv)	**opnuut**	[opnɪt]
pour toujours (adv)	**vir goed**	[fir χut]
jamais (adv)	**nooit**	[nojt]
de nouveau, encore (adv)	**weer**	[veər]
maintenant (adv)	**nou**	[næʊ]
souvent (adv)	**dikwels**	[dikwɛls]

alors (adv)	**toe**	[tu]
d'urgence (adv)	**dringend**	[driŋəŋ]
d'habitude (adv)	**gewoonlik**	[χevoənlik]
à propos, …	**terloops, …**	[terloəps], […]
c'est possible	**moontlik**	[moentlik]
probablement (adv)	**waarskynlik**	[vārskajnlik]
peut-être (adv)	**dalk**	[dalk]
en plus, …	**trouens...**	[træʊɛŋs...]
c'est pourquoi …	**dis hoekom …**	[dis hukom …]
malgré …	**ondanks …**	[ondanks …]
grâce à …	**danksy …**	[danksaj …]
quoi (pron)	**wat**	[vat]
que (conj)	**dat**	[dat]
quelque chose (Il m'est arrivé ~)	**iets**	[its]
quelque chose (peut-on faire ~)	**iets**	[its]
rien (m)	**niks**	[niks]
qui (pron)	**wie**	[vi]
quelqu'un (on ne sait pas qui)	**iemand**	[imant]
quelqu'un (n'importe qui)	**iemand**	[imant]
personne (pron)	**niemand**	[nimant]
nulle part (aller ~)	**nêrens**	[næɾɛŋs]
de personne	**niemand se**	[nimant sə]
de n'importe qui	**iemand se**	[imant sə]
comme ça (adv)	**so**	[so]
également (adv)	**ook**	[oək]
aussi (adv)	**ook**	[oək]

15. Les mots-outils. Les adverbes. Partie 2

Pourquoi?	**Waarom?**	[vārom?]
parce que …	**omdat …**	[omdat …]
et (conj)	**en**	[ɛn]
ou (conj)	**of**	[of]
mais (conj)	**maar**	[mār]
pour … (prep)	**vir**	[fir]
trop (adv)	**te**	[te]
seulement (adv)	**net**	[net]
précisément (adv)	**presies**	[presis]
près de … (prep)	**ongeveer**	[onχəfeər]
approximativement	**ongeveer**	[onχəfeər]
approximatif (adj)	**geraamde**	[χerāmdə]
presque (adv)	**amper**	[ampər]
reste (m)	**die res**	[di res]
l'autre (adj)	**die ander**	[di andər]

autre (adj)	**ander**	[andər]
chaque (adj)	**elke**	[ɛlkə]
n'importe quel (adj)	**enige**	[ɛniχə]
beaucoup (adv)	**baie**	[baje]
plusieurs (pron)	**baie mense**	[baje mɛŋsə]
tous	**almal**	[almal]
en échange de ...	**in ruil vir...**	[in rœil fir...]
en échange (adv)	**as vergoeding**	[as ferχudiŋ]
à la main (adv)	**met die hand**	[met di hant]
peu probable (adj)	**skaars**	[skārs]
probablement (adv)	**waarskynlik**	[vārskajnlik]
exprès (adv)	**opsetlik**	[opsetlik]
par accident (adv)	**toevallig**	[tufalləχ]
très (adv)	**baie**	[baje]
par exemple (adv)	**byvoorbeeld**	[bajfoərbeəlt]
entre (prep)	**tussen**	[tussən]
parmi (prep)	**tussen**	[tussən]
autant (adv)	**so baie**	[so baje]
surtout (adv)	**veral**	[feral]

Concepts de base. Partie 2

16. Les jours de la semaine

lundi (m)	**Maandag**	[māndaχ]
mardi (m)	**Dinsdag**	[dinsdaχ]
mercredi (m)	**Woensdag**	[voɛŋsdaχ]
jeudi (m)	**Donderdag**	[dondərdaχ]
vendredi (m)	**Vrydag**	[frajdaχ]
samedi (m)	**Saterdag**	[satərdaχ]
dimanche (m)	**Sondag**	[sondaχ]
aujourd'hui (adv)	**vandag**	[fandaχ]
demain (adv)	**môre**	[mɔrə]
après-demain (adv)	**oormôre**	[oərmɔrə]
hier (adv)	**gister**	[χistər]
avant-hier (adv)	**eergister**	[eərχistər]
jour (m)	**dag**	[daχ]
jour (m) ouvrable	**werksdag**	[verks·daχ]
jour (m) férié	**openbare vakansiedag**	[openbarə fakaŋsi·daχ]
jour (m) de repos	**verlofdag**	[ferlofdaχ]
week-end (m)	**naweek**	[naveək]
toute la journée	**die hele dag**	[di helə daχ]
le lendemain	**die volgende dag**	[di folχendə daχ]
il y a 2 jours	**twee dae gelede**	[tweə daə χeledə]
la veille	**die dag voor**	[di daχ foər]
quotidien (adj)	**daeliks**	[daəliks]
tous les jours	**elke dag**	[ɛlkə daχ]
semaine (f)	**week**	[veək]
la semaine dernière	**laas week**	[lās veək]
la semaine prochaine	**volgende week**	[folχendə veək]
hebdomadaire (adj)	**weekliks**	[veəkliks]
chaque semaine	**weekliks**	[veəkliks]
tous les mardis	**elke Dinsdag**	[ɛlkə dinsdaχ]

17. Les heures. Le jour et la nuit

matin (m)	**oggend**	[oχent]
le matin	**soggens**	[soχɛŋs]
midi (m)	**middag**	[middaχ]
dans l'après-midi	**in die namiddag**	[in di namiddaχ]
soir (m)	**aand**	[ānt]
le soir	**saans**	[sāŋs]
nuit (f)	**nag**	[naχ]

la nuit	**snags**	[snaχs]
minuit (f)	**middernag**	[middərnaχ]
seconde (f)	**sekonde**	[sekondə]
minute (f)	**minuut**	[minɪt]
heure (f)	**uur**	[ɪr]
demi-heure (f)	**n halfuur**	[n halfɪr]
quinze minutes	**vyftien minute**	[fajftin minutə]
vingt-quatre heures	**24 ure**	[fir-en-twintəχ urə]
lever (m) du soleil	**sonop**	[son·op]
aube (f)	**daeraad**	[daerāt]
point (m) du jour	**elke oggend**	[ɛlkə oχent]
coucher (m) du soleil	**sononder**	[son·ondər]
tôt le matin	**vroegdag**	[fruχdaχ]
ce matin	**vanmôre**	[fanmɔrə]
demain matin	**môreoggend**	[mɔrə·oχent]
cet après-midi	**vanmiddag**	[fanmiddaχ]
dans l'après-midi	**in die namiddag**	[in di namiddaχ]
demain après-midi	**môremiddag**	[mɔrə·middaχ]
ce soir	**vanaand**	[fanānt]
demain soir	**môreaand**	[mɔrə·ānt]
à 3 heures précises	**klokslag 3 uur**	[klokslaχ dri ɪr]
autour de 4 heures	**omstreeks 4 uur**	[omstreəks fir ɪr]
vers midi	**teen 12 uur**	[teən twalf ɪr]
dans 20 minutes	**oor twintig minute**	[oər twintəχ minutə]
à temps	**betyds**	[betajds]
... moins le quart	**kwart voor ...**	[kwart foər ...]
tous les quarts d'heure	**elke 15 minute**	[ɛlkə fajftin minutə]
24 heures sur 24	**24 uur per dag**	[fir-en-twintəχ pər daχ]

18. Les mois. Les saisons

janvier (m)	**Januarie**	[januari]
février (m)	**Februarie**	[februari]
mars (m)	**Maart**	[mārt]
avril (m)	**April**	[april]
mai (m)	**Mei**	[mæj]
juin (m)	**Junie**	[juni]
juillet (m)	**Julie**	[juli]
août (m)	**Augustus**	[ɔuχustus]
septembre (m)	**September**	[septembər]
octobre (m)	**Oktober**	[oktobər]
novembre (m)	**November**	[nofembər]
décembre (m)	**Desember**	[desembər]
printemps (m)	**lente**	[lentə]
au printemps	**in die lente**	[in di lentə]

de printemps (adj)	**lente-**	[lente-]
été (m)	**somer**	[somər]
en été	**in die somer**	[in di somər]
d'été (adj)	**somerse**	[somersə]
automne (m)	**herfs**	[herfs]
en automne	**in die herfs**	[in di herfs]
d'automne (adj)	**herfsagtige**	[herfsaχtiχə]
hiver (m)	**winter**	[vintər]
en hiver	**in die winter**	[in di vintər]
d'hiver (adj)	**winter-**	[vintər-]
mois (m)	**maand**	[mānt]
ce mois	**hierdie maand**	[hirdi mānt]
le mois prochain	**volgende maand**	[folχendə mānt]
le mois dernier	**laasmaand**	[lāsmānt]
dans 2 mois	**oor twe maande**	[oər twə māndə]
tout le mois	**die hele maand**	[di helə mānt]
mensuel (adj)	**maandeliks**	[māndəliks]
mensuellement	**maandeliks**	[māndəliks]
chaque mois	**elke maand**	[ɛlkə mānt]
année (f)	**jaar**	[jār]
cette année	**hierdie jaar**	[hirdi jār]
l'année prochaine	**volgende jaar**	[folχendə jār]
l'année dernière	**laasjaar**	[lāʃār]
dans 2 ans	**binne twee jaar**	[binnə tweə jār]
toute l'année	**die hele jaar**	[di helə jār]
chaque année	**elke jaar**	[ɛlkə jār]
annuel (adj)	**jaarliks**	[jārliks]
annuellement	**jaarliks**	[jārliks]
4 fois par an	**4 keer per jaar**	[fir keər pər jār]
date (f) (jour du mois)	**datum**	[datum]
date (f) (~ mémorable)	**datum**	[datum]
calendrier (m)	**kalender**	[kalendər]
semestre (m)	**ses maande**	[ses māndə]
saison (f)	**seisoen**	[sæjsun]
siècle (m)	**eeu**	[iʊ]

19. La notion de temps. Divers

temps (m)	**tyd**	[tajt]
moment (m)	**moment**	[moment]
instant (m)	**oomblik**	[oəmblik]
instantané (adj)	**oombliklik**	[oəmbliklik]
laps (m) de temps	**tydbestek**	[tajdbestək]
vie (f)	**lewe**	[levə]

éternité (f)	**ewigheid**	[ɛviχæjt]
époque (f)	**tydperk**	[tajtperk]
ère (f)	**tydperk**	[tajtperk]
cycle (m)	**siklus**	[siklus]
période (f)	**periode**	[periodə]
délai (m)	**termyn**	[termajn]
avenir (m)	**die toekoms**	[di tukoms]
prochain (adj)	**toekomstig**	[tukomstəχ]
la fois prochaine	**die volgende keer**	[di folχendə keər]
passé (m)	**die verlede**	[di ferledə]
passé (adj)	**laas-**	[lās-]
la fois passée	**die vorige keer**	[di foriχə keər]
plus tard (adv)	**later**	[latər]
après (prep)	**na**	[na]
à présent (adv)	**deesdae**	[deəsdaə]
maintenant (adv)	**nou**	[næʊ]
immédiatement	**onmiddellik**	[onmiddɛllik]
bientôt (adv)	**gou**	[χæʊ]
d'avance (adv)	**by voorbaat**	[baj foərbāt]
il y a longtemps	**lank gelede**	[lank χeledə]
récemment (adv)	**onlangs**	[onlaŋs]
destin (m)	**noodlot**	[noədlot]
souvenirs (m pl)	**herinneringe**	[herinneriŋə]
archives (f pl)	**argiewe**	[arχivə]
pendant … (prep)	**gedurende …**	[χedurendə …]
longtemps (adv)	**lank**	[lank]
pas longtemps (adv)	**nie lank nie**	[ni lank ni]
tôt (adv)	**vroeg**	[fruχ]
tard (adv)	**laat**	[lāt]
pour toujours (adv)	**vir altyd**	[fir altajt]
commencer (vt)	**begin**	[beχin]
reporter (retarder)	**uitstel**	[œitstəl]
en même temps (adv)	**tegelykertyd**	[teχelajkertajt]
en permanence (adv)	**permanent**	[permanent]
constant (bruit, etc.)	**voortdurend**	[foərtdurent]
temporaire (adj)	**tydelik**	[tajdelik]
parfois (adv)	**soms**	[soms]
rarement (adv)	**selde**	[sɛldə]
souvent (adv)	**dikwels**	[dikwɛls]

20. Les contraires

riche (adj)	**ryk**	[rajk]
pauvre (adj)	**arm**	[arm]
malade (adj)	**siek**	[sik]
en bonne santé	**gesond**	[χesont]

grand (adj)	**groot**	[χroət]
petit (adj)	**klein**	[klæjn]
vite (adv)	**vinnig**	[finnəχ]
lentement (adv)	**stadig**	[stadəχ]
rapide (adj)	**vinnig**	[finnəχ]
lent (adj)	**stadig**	[stadəχ]
joyeux (adj)	**bly**	[blaj]
triste (adj)	**droewig**	[druvəχ]
ensemble (adv)	**saam**	[sām]
séparément (adv)	**afsonderlik**	[afsondərlik]
à haute voix	**hardop**	[hardop]
en silence	**stil**	[stil]
haut (adj)	**groot**	[χroət]
bas (adj)	**laag**	[lāχ]
profond (adj)	**diep**	[dip]
peu profond (adj)	**vlak**	[flak]
oui (adv)	**ja**	[ja]
non (adv)	**nee**	[neə]
lointain (adj)	**ver**	[fer]
proche (adj)	**naby**	[nabaj]
loin (adv)	**ver**	[fer]
près (adv)	**naby**	[nabaj]
long (adj)	**lang**	[laŋ]
court (adj)	**kort**	[kort]
bon (au bon cœur)	**vriendelik**	[frindəlik]
méchant (adj)	**boos**	[boəs]
marié (adj)	**getroud**	[χetræʊt]
célibataire (adj)	**ongetroud**	[onχətræʊt]
interdire (vt)	**verbied**	[ferbit]
permettre (vt)	**toestaan**	[tustān]
fin (f)	**einde**	[æjndə]
début (m)	**begin**	[beχin]
gauche (adj)	**linker-**	[linkər-]
droit (adj)	**regter**	[reχtər]
premier (adj)	**eerste**	[eərstə]
dernier (adj)	**laaste**	[lāstə]
crime (m)	**misdaad**	[misdāt]
punition (f)	**straf**	[straf]

ordonner (vt)	**beveel**	[befeəl]
obéir (vt)	**gehoorsaam**	[χehoərsām]
droit (adj)	**reguit**	[reχœit]
courbé (adj)	**krom**	[krom]
paradis (m)	**paradys**	[paradajs]
enfer (m)	**hel**	[həl]
naître (vi)	**gebore word**	[χeborə vort]
mourir (vi)	**doodgaan**	[doədχān]
fort (adj)	**sterk**	[sterk]
faible (adj)	**swak**	[swak]
vieux (adj)	**oud**	[æʊt]
jeune (adj)	**jong**	[joŋ]
vieux (adj)	**ou**	[æʊ]
neuf (adj)	**nuwe**	[nuvə]
dur (adj)	**hard**	[hart]
mou (adj)	**sag**	[saχ]
chaud (tiède)	**warm**	[varm]
froid (adj)	**koud**	[kæʊt]
gros (adj)	**vet**	[fet]
maigre (adj)	**dun**	[dun]
étroit (adj)	**smal**	[smal]
large (adj)	**wyd**	[vajt]
bon (adj)	**goed**	[χut]
mauvais (adj)	**sleg**	[sleχ]
vaillant (adj)	**dapper**	[dappər]
peureux (adj)	**lafhartig**	[lafhartəχ]

21. Les lignes et les formes

carré (m)	**vierkant**	[firkant]
carré (adj)	**vierkantig**	[firkantəχ]
cercle (m)	**sirkel**	[sirkəl]
rond (adj)	**rond**	[ront]
triangle (m)	**driehoek**	[drihuk]
triangulaire (adj)	**driehoekig**	[drihukəχ]
ovale (m)	**ovaal**	[ofāl]
ovale (adj)	**ovaal**	[ofāl]
rectangle (m)	**reghoek**	[reχhuk]
rectangulaire (adj)	**reghoekig**	[reχhukəχ]
pyramide (f)	**piramide**	[piramidə]
losange (m)	**ruit**	[rœit]

trapèze (m)	**trapesoïed**	[trapesoïət]
cube (m)	**kubus**	[kubus]
prisme (m)	**prisma**	[prisma]
circonférence (f)	**omtrek**	[omtrək]
sphère (f)	**sfeer**	[sfeər]
globe (m)	**bal**	[bal]
diamètre (m)	**diameter**	[diametər]
rayon (m)	**straal**	[strāl]
périmètre (m)	**omtrek**	[omtrək]
centre (m)	**sentrum**	[sentrum]
horizontal (adj)	**horisontaal**	[horisontāl]
vertical (adj)	**vertikaal**	[fertikāl]
parallèle (f)	**parallel**	[parralləl]
parallèle (adj)	**parallel**	[parralləl]
ligne (f)	**lyn**	[lajn]
trait (m)	**haal**	[hāl]
ligne (f) droite	**regte lyn**	[reχtə lajn]
courbe (f)	**krom**	[krom]
fin (une ~ ligne)	**dun**	[dun]
contour (m)	**omtrek**	[omtrək]
intersection (f)	**snypunt**	[snaj·punt]
angle (m) droit	**regte hoek**	[reχtə huk]
segment (m)	**segment**	[seχment]
secteur (m)	**sektor**	[sektor]
côté (m)	**sy**	[saj]
angle (m)	**hoek**	[huk]

22. Les unités de mesure

poids (m)	**gewig**	[χevəχ]
longueur (f)	**lengte**	[leŋtə]
largeur (f)	**breedte**	[breədtə]
hauteur (f)	**hoogte**	[hoəχtə]
profondeur (f)	**diepte**	[diptə]
volume (m)	**volume**	[folumə]
aire (f)	**area**	[area]
gramme (m)	**gram**	[χram]
milligramme (m)	**milligram**	[milliχram]
kilogramme (m)	**kilogram**	[kiloχram]
tonne (f)	**ton**	[ton]
livre (f)	**pond**	[pont]
once (f)	**ons**	[ɔŋs]
mètre (m)	**meter**	[metər]
millimètre (m)	**millimeter**	[millimetər]
centimètre (m)	**sentimeter**	[sentimetər]
kilomètre (m)	**kilometer**	[kilometər]
mille (m)	**myl**	[majl]
pouce (m)	**duim**	[dœim]

pied (m)	**voet**	[fut]
yard (m)	**jaart**	[jārt]
mètre (m) carré	**vierkante meter**	[firkantə metər]
hectare (m)	**hektaar**	[hektār]
litre (m)	**liter**	[litər]
degré (m)	**graad**	[χrāt]
volt (m)	**volt**	[folt]
ampère (m)	**ampère**	[ampɛ:r]
cheval-vapeur (m)	**perdekrag**	[perdə·kraχ]
quantité (f)	**hoeveelheid**	[hufeəlhæjt]
moitié (f)	**helfte**	[hɛlftə]
douzaine (f)	**dosyn**	[dosajn]
pièce (f)	**stuk**	[stuk]
dimension (f)	**grootte**	[χroəttə]
échelle (f) (de la carte)	**skaal**	[skāl]
minimal (adj)	**minimaal**	[minimāl]
le plus petit (adj)	**die kleinste**	[di klæjnstə]
moyen (adj)	**medium**	[medium]
maximal (adj)	**maksimaal**	[maksimāl]
le plus grand (adj)	**die grootste**	[di χroətstə]

23. Les récipients

bocal (m) en verre	**glaspot**	[χlas·pot]
boîte, canette (f)	**blikkie**	[blikki]
seau (m)	**emmer**	[ɛmmər]
tonneau (m)	**drom**	[drom]
bassine, cuvette (f)	**wasbak**	[vas·bak]
cuve (f)	**tenk**	[tɛnk]
flasque (f)	**heupfles**	[høəp·fles]
jerrican (m)	**petrolblik**	[petrol·blik]
citerne (f)	**tenk**	[tɛnk]
tasse (f), mug (m)	**beker**	[bekər]
tasse (f)	**koppie**	[koppi]
soucoupe (f)	**piering**	[piriŋ]
verre (m) (~ d'eau)	**glas**	[χlas]
verre (m) à vin	**wynglas**	[vajn·χlas]
faitout (m)	**soppot**	[sop·pot]
bouteille (f)	**bottel**	[bottəl]
goulot (m)	**nek**	[nek]
carafe (f)	**kraffie**	[kraffi]
pichet (m)	**kruik**	[krœik]
récipient (m)	**houer**	[hæʊər]
pot (m)	**pot**	[pot]

vase (m)	**vaas**	[fās]
flacon (m)	**bottel**	[bottəl]
fiole (f)	**botteltjie**	[bottɛlki]
tube (m)	**buisie**	[bœisi]
sac (m) (grand ~)	**sak**	[sak]
sac (m) (~ en plastique)	**sak**	[sak]
paquet (m) (~ de cigarettes)	**pakkie**	[pakki]
boîte (f)	**kartondoos**	[karton·doəs]
caisse (f)	**krat**	[krat]
panier (m)	**mandjie**	[mandʒi]

24. Les matériaux

matériau (m)	**boustof**	[bæʊstof]
bois (m)	**hout**	[hæʊt]
en bois (adj)	**hout-**	[hæʊt-]
verre (m)	**glas**	[χlas]
en verre (adj)	**glas-**	[χlas-]
pierre (f)	**klip**	[klip]
en pierre (adj)	**klip-**	[klip-]
plastique (m)	**plastiek**	[plastik]
en plastique (adj)	**plastiek-**	[plastik-]
caoutchouc (m)	**rubber**	[rubbər]
en caoutchouc (adj)	**rubber-**	[rubbər-]
tissu (m)	**materiaal**	[materiāl]
en tissu (adj)	**materiaal-**	[materiāl-]
papier (m)	**papier**	[papir]
de papier (adj)	**papier-**	[papir-]
carton (m)	**karton**	[karton]
en carton (adj)	**karton-**	[karton-]
polyéthylène (m)	**politeen**	[politeən]
cellophane (f)	**sellofaan**	[sɛllofān]
linoléum (m)	**linoleum**	[linoløəm]
contreplaqué (m)	**laaghout**	[lāχhæʊt]
porcelaine (f)	**porselein**	[porselæjn]
de porcelaine (adj)	**porselein-**	[porselæjn-]
argile (f)	**klei**	[klæj]
de terre cuite (adj)	**klei-**	[klæj-]
céramique (f)	**keramiek**	[keramik]
en céramique (adj)	**keramiek-**	[keramik-]

25. Les métaux

métal (m)	**metaal**	[metāl]
métallique (adj)	**metaal-**	[metāl-]
alliage (m)	**allooi**	[alloj]
or (m)	**goud**	[χæʊt]
en or (adj)	**goue**	[χæʊə]
argent (m)	**silwer**	[silwər]
en argent (adj)	**silwer-**	[silwər-]
fer (m)	**yster**	[ajstər]
en fer (adj)	**yster-**	[ajstər-]
acier (m)	**staal**	[stāl]
en acier (adj)	**staal-**	[stāl-]
cuivre (m)	**koper**	[kopər]
en cuivre (adj)	**koper-**	[kopər-]
aluminium (m)	**aluminium**	[aluminium]
en aluminium (adj)	**aluminium-**	[aluminium-]
bronze (m)	**brons**	[brɔŋs]
en bronze (adj)	**brons-**	[brɔŋs-]
laiton (m)	**geelkoper**	[χeəl·kopər]
nickel (m)	**nikkel**	[nikkəl]
platine (f)	**platinum**	[platinum]
mercure (m)	**kwik**	[kwik]
étain (m)	**tin**	[tin]
plomb (m)	**lood**	[loət]
zinc (m)	**sink**	[sink]

L'HOMME

L'homme. Le corps humain

26. L'homme. Notions fondamentales

être (m) humain	**mens**	[mɛŋs]
homme (m)	**man**	[man]
femme (f)	**vrou**	[fræʊ]
enfant (m, f)	**kind**	[kint]
fille (f)	**meisie**	[mæjsi]
garçon (m)	**seun**	[søən]
adolescent (m)	**tiener**	[tinər]
vieillard (m)	**ou man**	[æʊ man]
vieille femme (f)	**ou vrou**	[æʊ fræʊ]

27. L'anatomie humaine

organisme (m)	**organisme**	[orχanismə]
cœur (m)	**hart**	[hart]
sang (m)	**bloed**	[blut]
artère (f)	**slagaar**	[slaχār]
veine (f)	**aar**	[ār]
cerveau (m)	**brein**	[bræjn]
nerf (m)	**senuwee**	[senuveə]
nerfs (m pl)	**senuwees**	[senuveəs]
vertèbre (f)	**rugwerwels**	[ruχ·werwɛls]
colonne (f) vertébrale	**ruggraat**	[ruχ·χrāt]
estomac (m)	**maag**	[māχ]
intestins (m pl)	**ingewande**	[inχəwandə]
intestin (m)	**derm**	[derm]
foie (m)	**lewer**	[levər]
rein (m)	**nier**	[nir]
os (m)	**been**	[beən]
squelette (f)	**geraamte**	[χerāmtə]
côte (f)	**rib**	[rip]
crâne (m)	**skedel**	[skedəl]
muscle (m)	**spier**	[spir]
biceps (m)	**biseps**	[biseps]
triceps (m)	**triseps**	[triseps]
tendon (m)	**sening**	[seniŋ]
articulation (f)	**gewrig**	[χevrəχ]

poumons (m pl)	**longe**	[loŋə]
organes (m pl) génitaux	**geslagsorgane**	[χeslaχs·orχanə]
peau (f)	**vel**	[fəl]

28. La tête

tête (f)	**kop**	[kop]
visage (m)	**gesig**	[χesəχ]
nez (m)	**neus**	[nøəs]
bouche (f)	**mond**	[mont]
œil (m)	**oog**	[oəχ]
les yeux	**oë**	[oɛ]
pupille (f)	**pupil**	[pupil]
sourcil (m)	**wenkbrou**	[vɛnk·bræʊ]
cil (m)	**ooghaar**	[oəχ·hār]
paupière (f)	**ooglid**	[oəχ·lit]
langue (f)	**tong**	[toŋ]
dent (f)	**tand**	[tant]
lèvres (f pl)	**lippe**	[lippə]
pommettes (f pl)	**wangbene**	[vaŋ·benə]
gencive (f)	**tandvleis**	[tand·flæjs]
palais (m)	**verhemelte**	[fer·hemɛltə]
narines (f pl)	**neusgate**	[nøəsχatə]
menton (m)	**ken**	[ken]
mâchoire (f)	**kakebeen**	[kakebeən]
joue (f)	**wang**	[vaŋ]
front (m)	**voorhoof**	[foərhoəf]
tempe (f)	**slaap**	[slāp]
oreille (f)	**oor**	[oər]
nuque (f)	**agterkop**	[aχtərkop]
cou (m)	**nek**	[nek]
gorge (f)	**keel**	[keəl]
cheveux (m pl)	**haar**	[hār]
coiffure (f)	**kapsel**	[kapsəl]
coupe (f)	**haarstyl**	[hārstajl]
perruque (f)	**pruik**	[prœik]
moustache (f)	**snor**	[snor]
barbe (f)	**baard**	[bārt]
porter (~ la barbe)	**dra**	[dra]
tresse (f)	**vlegsel**	[fleχsəl]
favoris (m pl)	**bakkebaarde**	[bakkəbārdə]
roux (adj)	**rooiharig**	[roj·harəχ]
gris, grisonnant (adj)	**grys**	[χrajs]
chauve (adj)	**kaal**	[kāl]
calvitie (f)	**kaal plek**	[kāl plek]
queue (f) de cheval	**poniestert**	[poni·stert]
frange (f)	**gordyntjiekapsel**	[χordajnki·kapsəl]

29. Le corps humain

main (f)	**hand**	[hant]
bras (m)	**arm**	[arm]
doigt (m)	**vinger**	[fiŋər]
orteil (m)	**toon**	[toən]
pouce (m)	**duim**	[dœim]
petit doigt (m)	**pinkie**	[pinki]
ongle (m)	**nael**	[naəl]
poing (m)	**vuis**	[fœis]
paume (f)	**palm**	[palm]
poignet (m)	**pols**	[pols]
avant-bras (m)	**voorarm**	[foərarm]
coude (m)	**elmboog**	[ɛlmboəχ]
épaule (f)	**skouer**	[skæʊər]
jambe (f)	**been**	[beən]
pied (m)	**voet**	[fut]
genou (m)	**knie**	[kni]
mollet (m)	**kuit**	[kœit]
hanche (f)	**heup**	[høəp]
talon (m)	**hakskeen**	[hak·skeən]
corps (m)	**liggaam**	[liχχām]
ventre (m)	**maag**	[māχ]
poitrine (f)	**bors**	[bors]
sein (m)	**bors**	[bors]
côté (m)	**sy**	[saj]
dos (m)	**rug**	[ruχ]
reins (région lombaire)	**lae rug**	[laə ruχ]
taille (f) (~ de guêpe)	**middel**	[middəl]
nombril (m)	**naeltjie**	[naɛlki]
fesses (f pl)	**boude**	[bæʊdə]
derrière (m)	**sitvlak**	[sitflak]
grain (m) de beauté	**moesie**	[musi]
tache (f) de vin	**moedervlek**	[mudər·flek]
tatouage (m)	**tatoe**	[tatu]
cicatrice (f)	**litteken**	[littekən]

Les vêtements & les accessoires

30. Les vêtements d'extérieur

vêtement (m)	**klere**	[klerə]
survêtement (m)	**oorklere**	[oərklerə]
vêtement (m) d'hiver	**winterklere**	[vintər·klerə]
manteau (m)	**jas**	[jas]
manteau (m) de fourrure	**pelsjas**	[pelʃas]
veste (f) de fourrure	**kort pelsjas**	[kort pelʃas]
manteau (m) de duvet	**donsjas**	[donʃas]
veste (f) (~ en cuir)	**baadjie**	[bādʒi]
imperméable (m)	**reënjas**	[reɛnjas]
imperméable (adj)	**waterdig**	[vatərdəχ]

31. Les vêtements

chemise (f)	**hemp**	[hemp]
pantalon (m)	**broek**	[bruk]
jean (m)	**denimbroek**	[denim·bruk]
veston (m)	**baadjie**	[bādʒi]
complet (m)	**pak**	[pak]
robe (f)	**rok**	[rok]
jupe (f)	**romp**	[romp]
chemisette (f)	**bloes**	[blus]
veste (f) en laine	**gebreide baadjie**	[χebræjdə bādʒi]
jaquette (f), blazer (m)	**baadjie**	[bādʒi]
tee-shirt (m)	**T-hemp**	[te-hemp]
short (m)	**kortbroek**	[kort·bruk]
costume (m) de sport	**sweetpak**	[sweət·pak]
peignoir (m) de bain	**badjas**	[batjas]
pyjama (m)	**pajama**	[pajama]
chandail (m)	**trui**	[trœi]
pull-over (m)	**trui**	[trœi]
gilet (m)	**onderbaadjie**	[ondər·bādʒi]
queue-de-pie (f)	**swaelstertbaadjie**	[swaɛlstert·bādʒi]
smoking (m)	**aandpak**	[āntpak]
uniforme (m)	**uniform**	[uniform]
tenue (f) de travail	**werksklere**	[verks·klerə]
salopette (f)	**oorpak**	[oərpak]
blouse (f) (d'un médecin)	**jas**	[jas]

32. Les sous-vêtements

sous-vêtements (m pl)	**onderklere**	[ondərklerə]
boxer (m)	**onderbroek**	[ondərbruk]
slip (m) de femme	**onderbroek**	[ondərbruk]
maillot (m) de corps	**frokkie**	[frokki]
chaussettes (f pl)	**sokkies**	[sokkis]
chemise (f) de nuit	**nagrok**	[naχrok]
soutien-gorge (m)	**bra**	[bra]
chaussettes (f pl) hautes	**kniekouse**	[kni·kæʊsə]
collants (m pl)	**kousbroek**	[kæʊsbruk]
bas (m pl)	**kouse**	[kæʊsə]
maillot (m) de bain	**baaikostuum**	[bāj·kostɪm]

33. Les chapeaux

chapeau (m)	**hoed**	[hut]
chapeau (m) feutre	**hoed**	[hut]
casquette (f) de base-ball	**bofbalpet**	[bofbal·pet]
casquette (f)	**pet**	[pet]
béret (m)	**mus**	[mus]
capuche (f)	**kap**	[kap]
panama (m)	**panamahoed**	[panama·hut]
bonnet (m) de laine	**gebreide mus**	[χebræjdə mus]
foulard (m)	**kopdoek**	[kopduk]
chapeau (m) de femme	**dameshoed**	[dames·hut]
casque (m) (d'ouvriers)	**veiligheidshelm**	[fæjliχæjts·hɛlm]
calot (m)	**mus**	[mus]
casque (m) (~ de moto)	**helmet**	[hɛlmet]
melon (m)	**bolhoed**	[bolhut]
haut-de-forme (m)	**hoëhoed**	[hoɛhut]

34. Les chaussures

chaussures (f pl)	**skoeisel**	[skuisəl]
bottines (f pl)	**mansskoene**	[maŋs·skunə]
souliers (m pl) (~ plats)	**damesskoene**	[dames·skunə]
bottes (f pl)	**laarse**	[lārsə]
chaussons (m pl)	**pantoffels**	[pantoffəls]
tennis (m pl)	**tennisskoene**	[tɛnnis·skunə]
baskets (f pl)	**tekkies**	[tɛkkis]
sandales (f pl)	**sandale**	[sandalə]
cordonnier (m)	**skoenmaker**	[skun·makər]
talon (m)	**hak**	[hak]

paire (f)	**paar**	[pār]
lacet (m)	**skoenveter**	[skun·fetər]
lacer (vt)	**ryg**	[rajχ]
chausse-pied (m)	**skoenlepel**	[skun·lepəl]
cirage (m)	**skoenpolitoer**	[skun·politur]

35. Le textile. Les tissus

coton (m)	**katoen**	[katun]
de coton (adj)	**katoen-**	[katun-]
lin (m)	**vlas**	[flas]
de lin (adj)	**vlas-**	[flas-]
soie (f)	**sy**	[saj]
de soie (adj)	**sy-**	[saj-]
laine (f)	**wol**	[vol]
en laine (adj)	**wol-**	[vol-]
velours (m)	**fluweel**	[fluveəl]
chamois (m)	**suède**	[suɛdə]
velours (m) côtelé	**ferweel**	[ferweəl]
nylon (m)	**nylon**	[najlon]
en nylon (adj)	**nylon-**	[najlon-]
polyester (m)	**poliëster**	[poliɛstər]
en polyester (adj)	**poliëster-**	[poliɛstər-]
cuir (m)	**leer**	[leər]
en cuir (adj)	**leer-**	[leər-]
fourrure (f)	**bont**	[bont]
en fourrure (adj)	**bont-**	[bont-]

36. Les accessoires personnels

gants (m pl)	**handskoene**	[handskunə]
moufles (f pl)	**duimhandskoene**	[dœim·handskunə]
écharpe (f)	**serp**	[serp]
lunettes (f pl)	**bril**	[bril]
monture (f)	**raam**	[rām]
parapluie (m)	**sambreel**	[sambreəl]
canne (f)	**wandelstok**	[vandəl·stok]
brosse (f) à cheveux	**haarborsel**	[hār·borsəl]
éventail (m)	**waaier**	[vājer]
cravate (f)	**das**	[das]
nœud papillon (m)	**strikkie**	[strikki]
bretelles (f pl)	**kruisbande**	[krœis·bandə]
mouchoir (m)	**sakdoek**	[sakduk]
peigne (m)	**kam**	[kam]
barrette (f)	**haarspeld**	[hārs·pɛlt]

épingle (f) à cheveux	**haarpen**	[hār·pen]
boucle (f)	**gespe**	[χespə]
ceinture (f)	**belt**	[bɛlt]
bandoulière (f)	**skouerband**	[skæʊer·bant]
sac (m)	**handsak**	[hand·sak]
sac (m) à main	**beursie**	[bøərsi]
sac (m) à dos	**rugsak**	[ruχsak]

37. Les vêtements. Divers

mode (f)	**mode**	[modə]
à la mode (adj)	**in die mode**	[in di modə]
couturier, créateur de mode	**modeontwerper**	[modə·ontwerpər]
col (m)	**kraag**	[krāχ]
poche (f)	**sak**	[sak]
de poche (adj)	**sak-**	[sak-]
manche (f)	**mou**	[mæʊ]
bride (f)	**lussie**	[lussi]
braguette (f)	**gulp**	[χulp]
fermeture (f) à glissière	**ritssluiter**	[rits·slœitər]
agrafe (f)	**vasmaker**	[fasmakər]
bouton (m)	**knoop**	[knoəp]
boutonnière (f)	**knoopsgat**	[knoəps·χat]
s'arracher (bouton)	**loskom**	[loskom]
coudre (vi, vt)	**naai**	[nāi]
broder (vt)	**borduur**	[bordɪr]
broderie (f)	**borduurwerk**	[bordɪr·werk]
aiguille (f)	**naald**	[nālt]
fil (m)	**garing**	[χariŋ]
couture (f)	**soom**	[soəm]
se salir (vp)	**vuil word**	[fœil vort]
tache (f)	**vlek**	[flek]
se froisser (vp)	**kreukel**	[krøəkəl]
déchirer (vt)	**skeur**	[skøər]
mite (f)	**mot**	[mot]

38. L'hygiène corporelle. Les cosmétiques

dentifrice (m)	**tandepasta**	[tandə·pasta]
brosse (f) à dents	**tandeborsel**	[tandə·borsəl]
se brosser les dents	**tande borsel**	[tandə borsəl]
rasoir (m)	**skeermes**	[skeər·mes]
crème (f) à raser	**skeerroom**	[skeər·roəm]
se raser (vp)	**skeer**	[skeər]
savon (m)	**seep**	[seəp]

shampooing (m)	**sjampoe**	[ʃampu]
ciseaux (m pl)	**skêr**	[skær]
lime (f) à ongles	**naelvyl**	[naɛl·fajl]
pinces (f pl) à ongles	**naelknipper**	[naɛl·knippər]
pince (f) à épiler	**haartangetjie**	[hārtaŋəki]
produits (m pl) de beauté	**kosmetika**	[kosmetika]
masque (m) de beauté	**gesigmasker**	[χesiχ·maskər]
manucure (f)	**manikuur**	[manikɪr]
se faire les ongles	**laat manikuur**	[lāt manikɪr]
pédicurie (f)	**voetbehandeling**	[fut·behandeliŋ]
trousse (f) de toilette	**kosmetika tassie**	[kosmetika tassi]
poudre (f)	**gesigpoeier**	[χesiχ·pujer]
poudrier (m)	**poeierdosie**	[pujer·dosi]
fard (m) à joues	**blosser**	[blossər]
parfum (m)	**parfuum**	[parfɪm]
eau (f) de toilette	**reukwater**	[røək·vatər]
lotion (f)	**vloeiroom**	[flui·roəm]
eau de Cologne (f)	**reukwater**	[røək·vatər]
fard (m) à paupières	**oogskadu**	[oəχ·skadu]
crayon (m) à paupières	**oogomlyner**	[oəχ·omlajnər]
mascara (m)	**maskara**	[maskara]
rouge (m) à lèvres	**lipstiffie**	[lip·stiffi]
vernis (m) à ongles	**naellak**	[naɛl·lak]
laque (f) pour les cheveux	**haarsproei**	[hārs·prui]
déodorant (m)	**reukweermiddel**	[røək·veərmiddəl]
crème (f)	**room**	[roəm]
crème (f) pour le visage	**gesigroom**	[χesiχ·roəm]
crème (f) pour les mains	**handroom**	[hand·roəm]
crème (f) anti-rides	**antirimpelroom**	[antirimpəl·roəm]
crème (f) de jour	**dagroom**	[daχ·roəm]
crème (f) de nuit	**nagroom**	[naχ·roəm]
de jour (adj)	**dag-**	[daχ-]
de nuit (adj)	**nag-**	[naχ-]
tampon (m)	**tampon**	[tampon]
papier (m) de toilette	**toiletpapier**	[tojlet·papir]
sèche-cheveux (m)	**haardroër**	[hār·droɛr]

39. Les bijoux. La bijouterie

bijoux (m pl)	**juweliersware**	[juvelirs·warə]
précieux (adj)	**edel-**	[ɛdəl-]
poinçon (m)	**waarmerk**	[vārmerk]
bague (f)	**ring**	[riŋ]
alliance (f)	**trouring**	[træʊriŋ]
bracelet (m)	**armband**	[armbant]
boucles (f pl) d'oreille	**oorbelle**	[oər·bɛllə]

collier (m) (de perles)	**halssnoer**	[hals·snur]
couronne (f)	**kroon**	[kroən]
collier (m) (en verre, etc.)	**kraalsnoer**	[krāl·snur]
diamant (m)	**diamant**	[diamant]
émeraude (f)	**smarag**	[smaraχ]
rubis (m)	**robyn**	[robajn]
saphir (m)	**saffier**	[saffir]
perle (f)	**pêrel**	[pærəl]
ambre (m)	**amber**	[ambər]

40. Les montres. Les horloges

montre (f)	**polshorlosie**	[pols·horlosi]
cadran (m)	**wyserplaat**	[vajsər·plāt]
aiguille (f)	**wyster**	[vajstər]
bracelet (m)	**metaal horlosiebandjie**	[metāl horlosi·banʤi]
bracelet (m) (en cuir)	**horlosiebandjie**	[horlosi·banʤi]
pile (f)	**battery**	[battəraj]
être déchargé	**pap wees**	[pap veəs]
avancer (vi)	**voorloop**	[foərloəp]
retarder (vi)	**agterloop**	[aχtərloəp]
pendule (f)	**muurhorlosie**	[mɪr·horlosi]
sablier (m)	**uurglas**	[ɪr·χlas]
cadran (m) solaire	**sonwyser**	[son·wajsər]
réveil (m)	**wekker**	[vɛkkər]
horloger (m)	**horlosiemaker**	[horlosi·makər]
réparer (vt)	**herstel**	[herstəl]

Les aliments. L'alimentation

41. Les aliments

viande (f)	**vleis**	[flæjs]
poulet (m)	**hoender**	[hundər]
poulet (m) (poussin)	**braaikuiken**	[brāj·kœiken]
canard (m)	**eend**	[eent]
oie (f)	**gans**	[χaŋs]
gibier (m)	**wild**	[vilt]
dinde (f)	**kalkoen**	[kalkun]
du porc	**varkvleis**	[fark·flæjs]
du veau	**kalfsvleis**	[kalfs·flæjs]
du mouton	**lamsvleis**	[lams·flæjs]
du bœuf	**beesvleis**	[beəs·flæjs]
lapin (m)	**konynvleis**	[konajn·flæjs]
saucisson (m)	**wors**	[vors]
saucisse (f)	**Weense worsie**	[veɛŋsə vorsi]
bacon (m)	**spek**	[spek]
jambon (m)	**ham**	[ham]
cuisse (f)	**gerookte ham**	[χeroəktə ham]
pâté (m)	**patee**	[pateə]
foie (m)	**lewer**	[levər]
farce (f)	**maalvleis**	[māl·flæjs]
langue (f)	**tong**	[toŋ]
œuf (m)	**eier**	[æjer]
les œufs	**eiers**	[æjers]
blanc (m) d'œuf	**eierwit**	[æjer·wit]
jaune (m) d'œuf	**dooier**	[dojer]
poisson (m)	**vis**	[fis]
fruits (m pl) de mer	**seekos**	[seə·kos]
crustacés (m pl)	**skaaldiere**	[skāldirə]
caviar (m)	**kaviaar**	[kafiār]
crabe (m)	**krab**	[krap]
crevette (f)	**garnaal**	[χarnāl]
huître (f)	**oester**	[ustər]
langoustine (f)	**seekreef**	[seə·kreəf]
poulpe (m)	**seekat**	[seə·kat]
calamar (m)	**pylinkvis**	[pajl·inkfis]
esturgeon (m)	**steur**	[støər]
saumon (m)	**salm**	[salm]
flétan (m)	**heilbot**	[hæjlbot]
morue (f)	**kabeljou**	[kabeljæʊ]

maquereau (m)	**makriel**	[makril]
thon (m)	**tuna**	[tuna]
anguille (f)	**paling**	[paliŋ]
truite (f)	**forel**	[forəl]
sardine (f)	**sardyn**	[sardajn]
brochet (m)	**varswatersnoek**	[farswatər·snuk]
hareng (m)	**haring**	[hariŋ]
pain (m)	**brood**	[broət]
fromage (m)	**kaas**	[kās]
sucre (m)	**suiker**	[sœikər]
sel (m)	**sout**	[sæʊt]
riz (m)	**rys**	[rajs]
pâtes (m pl)	**pasta**	[pasta]
nouilles (f pl)	**noedels**	[nudɛls]
beurre (m)	**botter**	[bottər]
huile (f) végétale	**plantaardige olie**	[plantārdiχə oli]
huile (f) de tournesol	**sonblomolie**	[sonblom·oli]
margarine (f)	**margarien**	[marχarin]
olives (f pl)	**olywe**	[olajvə]
huile (f) d'olive	**olyfolie**	[olajf·oli]
lait (m)	**melk**	[melk]
lait (m) condensé	**kondensmelk**	[kondɛŋs·melk]
yogourt (m)	**jogurt**	[joχurt]
crème (f) aigre	**suurroom**	[sɪr·roəm]
crème (f) (de lait)	**room**	[roəm]
sauce (f) mayonnaise	**mayonnaise**	[majonɛs]
crème (f) au beurre	**crème**	[krɛm]
gruau (m)	**ontbytgraan**	[ontbajt·χrān]
farine (f)	**meelblom**	[meəl·blom]
conserves (f pl)	**blikkieskos**	[blikkis·kos]
pétales (m pl) de maïs	**mielievlokkies**	[mili·flokkis]
miel (m)	**heuning**	[høəniŋ]
confiture (f)	**konfyt**	[konfajt]
gomme (f) à mâcher	**kougom**	[kæʊχom]

42. Les boissons

eau (f)	**water**	[vatər]
eau (f) potable	**drinkwater**	[drink·vatər]
eau (f) minérale	**mineraalwater**	[minerāl·vatər]
plate (adj)	**sonder gas**	[sondər χas]
gazeuse (l'eau ~)	**soda-**	[soda-]
pétillante (adj)	**bruis-**	[brœis-]
glace (f)	**ys**	[ajs]

avec de la glace	**met ys**	[met ajs]
sans alcool	**nie-alkoholies**	[ni-alkoholis]
boisson (f) non alcoolisée	**koeldrank**	[kul·drank]
rafraîchissement (m)	**verfrissende drank**	[ferfrissendə drank]
limonade (f)	**limonade**	[limonadə]
boissons (f pl) alcoolisées	**likeure**	[likøerə]
vin (m)	**wyn**	[vajn]
vin (m) blanc	**witwyn**	[vit·vajn]
vin (m) rouge	**rooiwyn**	[roj·vajn]
liqueur (f)	**likeur**	[likøər]
champagne (m)	**sjampanje**	[ʃampanje]
vermouth (m)	**vermoet**	[fermut]
whisky (m)	**whisky**	[vhiskaj]
vodka (f)	**vodka**	[fodka]
gin (m)	**jenever**	[jenefər]
cognac (m)	**brandewyn**	[brandə·vajn]
rhum (m)	**rum**	[rum]
café (m)	**koffie**	[koffi]
café (m) noir	**swart koffie**	[swart koffi]
café (m) au lait	**koffie met melk**	[koffi met melk]
cappuccino (m)	**capuccino**	[kaputʃino]
café (m) soluble	**poeierkoffie**	[pujer·koffi]
lait (m)	**melk**	[melk]
cocktail (m)	**mengeldrankie**	[menχəl·dranki]
cocktail (m) au lait	**melkskommel**	[melk·skomməl]
jus (m)	**sap**	[sap]
jus (m) de tomate	**tamatiesap**	[tamati·sap]
jus (m) d'orange	**lemoensap**	[lemoən·sap]
jus (m) pressé	**vars geparste sap**	[fars χeparstə sap]
bière (f)	**bier**	[bir]
bière (f) blonde	**ligte bier**	[liχtə bir]
bière (f) brune	**donker bier**	[donkər bir]
thé (m)	**tee**	[teə]
thé (m) noir	**swart tee**	[swart teə]
thé (m) vert	**groen tee**	[χrun teə]

43. Les légumes

légumes (m pl)	**groente**	[χruntə]
verdure (f)	**groente**	[χruntə]
tomate (f)	**tamatie**	[tamati]
concombre (m)	**komkommer**	[komkommər]
carotte (f)	**wortel**	[vortəl]
pomme (f) de terre	**aartappel**	[ārtappəl]
oignon (m)	**ui**	[œi]

ail (m)	**knoffel**	[knoffəl]
chou (m)	**kool**	[koəl]
chou-fleur (m)	**blomkool**	[blom·koəl]
chou (m) de Bruxelles	**Brusselspruite**	[brussɛl·sprœitə]
brocoli (m)	**broccoli**	[brokoli]
betterave (f)	**beet**	[beət]
aubergine (f)	**eiervrug**	[æjerfruχ]
courgette (f)	**vingerskorsie**	[fiŋər·skorsi]
potiron (m)	**pampoen**	[pampun]
navet (m)	**raap**	[rāp]
persil (m)	**pietersielie**	[pitərsili]
fenouil (m)	**dille**	[dillə]
laitue (f) (salade)	**slaai**	[slāi]
céleri (m)	**seldery**	[selderaj]
asperge (f)	**aspersie**	[aspersi]
épinard (m)	**spinasie**	[spinasi]
pois (m)	**ertjie**	[ɛrki]
fèves (f pl)	**boontjies**	[boənkis]
maïs (m)	**mielie**	[mili]
haricot (m)	**nierboontjie**	[nir·boənki]
poivron (m)	**paprika**	[paprika]
radis (m)	**radys**	[radajs]
artichaut (m)	**artisjok**	[artiʃok]

44. Les fruits. Les noix

fruit (m)	**vrugte**	[fruχtə]
pomme (f)	**appel**	[appəl]
poire (f)	**peer**	[peər]
citron (m)	**suurlemoen**	[sɪr·lemun]
orange (f)	**lemoen**	[lemun]
fraise (f)	**aarbei**	[ārbæj]
mandarine (f)	**nartjie**	[narki]
prune (f)	**pruim**	[prœim]
pêche (f)	**perske**	[perskə]
abricot (m)	**appelkoos**	[appɛlkoəs]
framboise (f)	**framboos**	[framboəs]
ananas (m)	**pynappel**	[pajnappəl]
banane (f)	**piesang**	[pisaŋ]
pastèque (f)	**waatlemoen**	[vātlemun]
raisin (m)	**druif**	[drœif]
cerise (f)	**suurkersie**	[sɪr·kersi]
merise (f)	**soetkersie**	[sut·kersi]
melon (m)	**spanspek**	[spaŋspek]
pamplemousse (m)	**pomelo**	[pomelo]
avocat (m)	**avokado**	[afokado]
papaye (f)	**papaja**	[papaja]

mangue (f)	**mango**	[manχo]
grenade (f)	**granaat**	[χranāt]
groseille (f) rouge	**rooi aalbessie**	[roj ālbɛssi]
cassis (m)	**swartbessie**	[swartbɛssi]
groseille (f) verte	**appelliefie**	[appɛllifi]
myrtille (f)	**bosbessie**	[bosbɛssi]
mûre (f)	**braambessie**	[brāmbɛssi]
raisin (m) sec	**rosyntjie**	[rosajnki]
figue (f)	**vy**	[faj]
datte (f)	**dadel**	[dadəl]
cacahuète (f)	**grondboontjie**	[χront·boənki]
amande (f)	**amandel**	[amandəl]
noix (f)	**okkerneut**	[okkər·nøət]
noisette (f)	**haselneut**	[hasɛl·nøət]
noix (f) de coco	**klapper**	[klappər]
pistaches (f pl)	**pistachio**	[pistatʃio]

45. Le pain. Les confiseries

confiserie (f)	**soet gebak**	[sut χebak]
pain (m)	**brood**	[broət]
biscuit (m)	**koekies**	[kukis]
chocolat (m)	**sjokolade**	[ʃokoladə]
en chocolat (adj)	**sjokolade**	[ʃokoladə]
bonbon (m)	**lekkers**	[lɛkkərs]
gâteau (m), pâtisserie (f)	**koek**	[kuk]
tarte (f)	**koek**	[kuk]
gâteau (m)	**pastei**	[pastæj]
garniture (f)	**vulsel**	[fulsəl]
confiture (f)	**konfyt**	[konfajt]
marmelade (f)	**marmelade**	[marmeladə]
gaufre (f)	**wafels**	[vafɛls]
glace (f)	**roomys**	[roəm·ajs]
pudding (m)	**poeding**	[pudiŋ]

46. Les plats cuisinés

plat (m)	**gereg**	[χerəχ]
cuisine (f)	**kookkuns**	[koək·kuns]
recette (f)	**resep**	[resep]
portion (f)	**porsie**	[porsi]
salade (f)	**slaai**	[slāi]
soupe (f)	**sop**	[sop]
bouillon (m)	**helder sop**	[hɛldər sop]
sandwich (m)	**toebroodjie**	[tubroədʒi]

les œufs brouillés	**gabakte eiers**	[χabaktə æjers]
hamburger (m)	**hamburger**	[hamburχər]
steak (m)	**biefstuk**	[bifstuk]
garniture (f)	**sygereg**	[saj·χerəχ]
spaghettis (m pl)	**spaghetti**	[spaχɛtti]
purée (f)	**kapokaartappels**	[kapok·ārtappəls]
pizza (f)	**pizza**	[pizza]
bouillie (f)	**pap**	[pap]
omelette (f)	**omelet**	[oməlet]
cuit à l'eau (adj)	**gekook**	[χekoək]
fumé (adj)	**gerook**	[χeroək]
frit (adj)	**gebak**	[χebak]
sec (adj)	**gedroog**	[χedroəχ]
congelé (adj)	**gevries**	[χefris]
mariné (adj)	**gepiekel**	[χepikəl]
sucré (adj)	**soet**	[sut]
salé (adj)	**sout**	[sæʊt]
froid (adj)	**koud**	[kæʊt]
chaud (adj)	**warm**	[varm]
amer (adj)	**bitter**	[bittər]
bon (savoureux)	**smaaklik**	[smāklik]
cuire à l'eau	**kook in water**	[koək in vatər]
préparer (le dîner)	**kook**	[koək]
faire frire	**braai**	[braj]
réchauffer (vt)	**opwarm**	[opwarm]
saler (vt)	**sout**	[sæʊt]
poivrer (vt)	**peper**	[pepər]
râper (vt)	**rasp**	[rasp]
peau (f)	**skil**	[skil]
éplucher (vt)	**skil**	[skil]

47. Les épices

sel (m)	**sout**	[sæʊt]
salé (adj)	**sout**	[sæʊt]
saler (vt)	**sout**	[sæʊt]
poivre (m) noir	**swart peper**	[swart pepər]
poivre (m) rouge	**rooi peper**	[roj pepər]
moutarde (f)	**mosterd**	[mostert]
raifort (m)	**peperwortel**	[peper·wortəl]
condiment (m)	**smaakmiddel**	[smāk·middəl]
épice (f)	**spesery**	[spesəraj]
sauce (f)	**sous**	[sæʊs]
vinaigre (m)	**asyn**	[asajn]
anis (m)	**anys**	[anajs]
basilic (m)	**basilikum**	[basilikum]

clou (m) de girofle	**naeltjies**	[naɛlkis]
gingembre (m)	**gemmer**	[χɛmmər]
coriandre (m)	**koljander**	[koljandər]
cannelle (f)	**kaneel**	[kaneəl]
sésame (m)	**sesamsaad**	[sesam·sāt]
feuille (f) de laurier	**lourierblaar**	[læʊrir·blār]
paprika (m)	**paprika**	[paprika]
cumin (m)	**komynsaad**	[komajnsāt]
safran (m)	**saffraan**	[saffrān]

48. Les repas

nourriture (f)	**kos**	[kos]
manger (vi, vt)	**eet**	[eət]
petit déjeuner (m)	**ontbyt**	[ontbajt]
prendre le petit déjeuner	**ontbyt**	[ontbajt]
déjeuner (m)	**middagete**	[middaχ·etə]
déjeuner (vi)	**gaan eet**	[χān eət]
dîner (m)	**aandete**	[āndetə]
dîner (vi)	**aandete gebruik**	[āndetə χebrœik]
appétit (m)	**aptyt**	[aptajt]
Bon appétit!	**Smaaklike ete!**	[smāklikə etə!]
ouvrir (vt)	**oopmaak**	[oəpmāk]
renverser (liquide)	**mors**	[mors]
se renverser (liquide)	**mors**	[mors]
bouillir (vi)	**kook**	[koək]
faire bouillir	**kook**	[koək]
bouilli (l'eau ~e)	**gekook**	[χekoək]
refroidir (vt)	**laat afkoel**	[lāt afkul]
se refroidir (vp)	**afkoel**	[afkul]
goût (m)	**smaak**	[smāk]
arrière-goût (m)	**nasmaak**	[nasmāk]
suivre un régime	**vermaer**	[fermaər]
régime (m)	**dieet**	[diət]
vitamine (f)	**vitamien**	[fitamin]
calorie (f)	**kalorie**	[kalori]
végétarien (m)	**vegetariër**	[feχetariɛr]
végétarien (adj)	**vegetaries**	[feχetaris]
lipides (m pl)	**vette**	[fɛttə]
protéines (f pl)	**proteïen**	[proteïen]
glucides (m pl)	**koolhidrate**	[koəlhidratə]
tranche (f)	**snytjie**	[snajki]
morceau (m)	**stuk**	[stuk]
miette (f)	**krummel**	[krumməl]

49. Le dressage de la table

cuillère (f)	**lepel**	[lepəl]
couteau (m)	**mes**	[mes]
fourchette (f)	**vurk**	[furk]
tasse (f)	**koppie**	[koppi]
assiette (f)	**bord**	[bort]
soucoupe (f)	**piering**	[piriŋ]
serviette (f)	**servet**	[serfət]
cure-dent (m)	**tandestokkie**	[tandə·stokki]

50. Le restaurant

restaurant (m)	**restaurant**	[restɔurant]
salon (m) de café	**koffiekroeg**	[koffi·kruχ]
bar (m)	**kroeg**	[kruχ]
salon (m) de thé	**teekamer**	[teə·kamər]
serveur (m)	**kelner**	[kɛlnər]
serveuse (f)	**kelnerin**	[kɛlnərin]
barman (m)	**kroegman**	[kruχman]
carte (f)	**spyskaart**	[spajs·kārt]
carte (f) des vins	**wyn**	[vajn]
réserver une table	**wynkaart**	[vajn·kārt]
plat (m)	**gereg**	[χerəχ]
commander (vt)	**bestel**	[bestəl]
faire la commande	**bestel**	[bestəl]
apéritif (m)	**drankie**	[dranki]
hors-d'œuvre (m)	**voorgereg**	[foərχerəχ]
dessert (m)	**nagereg**	[naχerəχ]
addition (f)	**rekening**	[rekəniŋ]
régler l'addition	**die rekening betaal**	[di rekeniŋ betāl]
rendre la monnaie	**kleingeld gee**	[klæjn·χɛlt χeə]
pourboire (m)	**fooitjie**	[fojki]

La famille. Les parents. Les amis

51. Les données personnelles. Les formulaires

prénom (m)	**voornaam**	[foərnām]
nom (m) de famille	**van**	[fan]
date (f) de naissance	**geboortedatum**	[χeboərtə·datum]
lieu (m) de naissance	**geboorteplek**	[χeboərtə·plek]
nationalité (f)	**nasionaliteit**	[naʃionalitæjt]
domicile (m)	**woonplek**	[voən·plek]
pays (m)	**land**	[lant]
profession (f)	**beroep**	[berup]
sexe (m)	**geslag**	[χeslaχ]
taille (f)	**lengte**	[leŋtə]
poids (m)	**gewig**	[χevəχ]

52. La famille. Les liens de parenté

mère (f)	**moeder**	[mudər]
père (m)	**vader**	[fadər]
fils (m)	**seun**	[søən]
fille (f)	**dogter**	[doχtər]
fille (f) cadette	**jonger dogter**	[joŋər doχtər]
fils (m) cadet	**jonger seun**	[joŋər søən]
fille (f) aînée	**oudste dogter**	[æʊdstə doχtər]
fils (m) aîné	**oudste seun**	[æʊdstə søən]
frère (m)	**broer**	[brur]
frère (m) aîné	**ouer broer**	[æʊer brur]
frère (m) cadet	**jonger broer**	[joŋər brur]
sœur (f)	**suster**	[sustər]
sœur (f) aînée	**ouer suster**	[æʊer sustər]
sœur (f) cadette	**jonger suster**	[joŋər sustər]
cousin (m)	**neef**	[neəf]
cousine (f)	**neef**	[neəf]
maman (f)	**ma**	[ma]
papa (m)	**pa**	[pa]
parents (m pl)	**ouers**	[æʊers]
enfant (m, f)	**kind**	[kint]
enfants (pl)	**kinders**	[kindərs]
grand-mère (f)	**ouma**	[æʊma]
grand-père (m)	**oupa**	[æʊpa]

petit-fils (m)	**kleinseun**	[klæjn·søən]
petite-fille (f)	**kleindogter**	[klæjn·doχtər]
petits-enfants (pl)	**kleinkinders**	[klæjn·kindərs]
oncle (m)	**oom**	[oəm]
tante (f)	**tante**	[tantə]
neveu (m)	**neef**	[neəf]
nièce (f)	**nig**	[niχ]
belle-mère (f)	**skoonma**	[skoən·ma]
beau-père (m)	**skoonpa**	[skoən·pa]
gendre (m)	**skoonseun**	[skoən·søən]
belle-mère (f)	**stiefma**	[stifma]
beau-père (m)	**stiefpa**	[stifpa]
nourrisson (m)	**baba**	[baba]
bébé (m)	**baba**	[baba]
petit (m)	**seuntjie**	[søənki]
femme (f)	**vrou**	[fræʊ]
mari (m)	**man**	[man]
époux (m)	**eggenoot**	[ɛχχenoət]
épouse (f)	**eggenote**	[ɛχχenotə]
marié (adj)	**getroud**	[χetræʊt]
mariée (adj)	**getroud**	[χetræʊt]
célibataire (adj)	**ongetroud**	[onχətræʊt]
célibataire (m)	**vrygesel**	[frajχesəl]
divorcé (adj)	**geskei**	[χeskæj]
veuve (f)	**weduwee**	[veduveə]
veuf (m)	**wedunaar**	[vedunār]
parent (m)	**familielid**	[famililit]
parent (m) proche	**na familie**	[na famili]
parent (m) éloigné	**ver familie**	[fer famili]
parents (m pl)	**familielede**	[famililedə]
orphelin (m)	**weeskind**	[veəskint]
orpheline (f)	**weeskind**	[veəskint]
tuteur (m)	**voog**	[foəχ]
adopter (un garçon)	**aanneem**	[ānneəm]
adopter (une fille)	**aanneem**	[ānneəm]

53. Les amis. Les collègues

ami (m)	**vriend**	[frint]
amie (f)	**vriendin**	[frindin]
amitié (f)	**vriendskap**	[frindskap]
être ami	**bevriend wees**	[befrint veəs]
copain (m)	**maat**	[māt]
copine (f)	**vriendin**	[frindin]
partenaire (m)	**maat**	[māt]
chef (m)	**baas**	[bās]

supérieur (m)	**baas**	[bās]
propriétaire (m)	**eienaar**	[æjenār]
subordonné (m)	**ondergeskikte**	[ondərχeskiktə]
collègue (m, f)	**kollega**	[kolleχa]
connaissance (f)	**kennis**	[kɛnnis]
compagnon (m) de route	**medereisiger**	[medə·ræjsiχər]
copain (m) de classe	**klasmaat**	[klas·māt]
voisin (m)	**buurman**	[bɪrman]
voisine (f)	**buurvrou**	[bɪrfræʊ]
voisins (m pl)	**bure**	[burə]

54. L'homme. La femme

femme (f)	**vrou**	[fræʊ]
jeune fille (f)	**meisie**	[mæjsi]
fiancée (f)	**bruid**	[brœit]
belle (adj)	**mooi**	[moj]
de grande taille	**groot**	[χroət]
svelte (adj)	**slank**	[slank]
de petite taille	**kort**	[kort]
blonde (f)	**blondine**	[blondinə]
brune (f)	**brunet**	[brunet]
de femme (adj)	**dames-**	[dames-]
vierge (f)	**maagd**	[māχt]
enceinte (adj)	**swanger**	[swaŋər]
homme (m)	**man**	[man]
blond (m)	**blond**	[blont]
brun (m)	**brunet**	[brunet]
de grande taille	**groot**	[χroət]
de petite taille	**kort**	[kort]
rude (adj)	**onbeskof**	[onbeskof]
trapu (adj)	**frisgebou**	[frisχebæʊ]
robuste (adj)	**frisgebou**	[frisχebæʊ]
fort (adj)	**sterk**	[sterk]
force (f)	**sterkte**	[sterktə]
gros (adj)	**vet**	[fet]
basané (adj)	**blas**	[blas]
svelte (adj)	**slank**	[slank]
élégant (adj)	**elegant**	[ɛleχant]

55. L'age

âge (m)	**ouderdom**	[æʊderdom]
jeunesse (f)	**jeug**	[jøəχ]

jeune (adj)	**jong**	[joŋ]
plus jeune (adj)	**jonger**	[joŋər]
plus âgé (adj)	**ouer**	[æʊer]
jeune homme (m)	**jongman**	[joŋman]
adolescent (m)	**tiener**	[tinər]
gars (m)	**ou**	[æʊ]
vieillard (m)	**ou man**	[æʊ man]
vieille femme (f)	**ou vrou**	[æʊ fræʊ]
adulte (m)	**volwasse**	[folwassə]
d'âge moyen (adj)	**middeljarig**	[middəl·jarəχ]
âgé (adj)	**bejaard**	[bejārt]
vieux (adj)	**oud**	[æʊt]
retraite (f)	**pensioen**	[pɛnsiun]
prendre sa retraite	**met pensioen gaan**	[met pɛnsiun χān]
retraité (m)	**pensioenaris**	[pɛnsiunaris]

56. Les enfants. Les adolescents

enfant (m, f)	**kind**	[kint]
enfants (pl)	**kinders**	[kindərs]
jumeaux (m pl)	**tweeling**	[tweəliŋ]
berceau (m)	**wiegie**	[viχi]
hochet (m)	**rammelaar**	[rammelār]
couche (f)	**luier**	[lœiər]
tétine (f)	**fopspeen**	[fopspeən]
poussette (m)	**kinderwaentjie**	[kindər·waenki]
école (f) maternelle	**kindertuin**	[kindər·tœin]
baby-sitter (m, f)	**babasitter**	[babasittər]
enfance (f)	**kinderdae**	[kindərdaə]
poupée (f)	**pop**	[pop]
jouet (m)	**speelgoed**	[speəl·χut]
jeu (m) de construction	**boudoos**	[bæʊ·doəs]
bien élevé (adj)	**goed opgevoed**	[χut opχəfut]
mal élevé (adj)	**sleg opgevoed**	[sleχ opχəfut]
gâté (adj)	**bederf**	[bederf]
faire le vilain	**stout wees**	[stæʊt veəs]
vilain (adj)	**ondeuend**	[ondøent]
espièglerie (f)	**ondeuendheid**	[ondøenthæjt]
vilain (m)	**rakker**	[rakkər]
obéissant (adj)	**gehoorsaam**	[χehoərsām]
désobéissant (adj)	**ongehoorsaam**	[onχəhoərsām]
sage (adj)	**soet**	[sut]
intelligent (adj)	**slim**	[slim]
l'enfant prodige	**wonderkind**	[vondərkint]

57. Les couples mariés. La vie de famille

embrasser (sur les lèvres)	**soen**	[sun]
s'embrasser (vp)	**mekaar soen**	[mekār sun]
famille (f)	**familie**	[famili]
familial (adj)	**gesins-**	[χesins-]
couple (m)	**paartjie**	[pārki]
mariage (m) (~ civil)	**huwelik**	[huvelik]
foyer (m) familial	**tuiste**	[tœistə]
dynastie (f)	**dinastie**	[dinasti]
rendez-vous (m)	**datum**	[datum]
baiser (m)	**soen**	[sun]
amour (m)	**liefde**	[lifdə]
aimer (qn)	**liefhê**	[lifhɛ:]
aimé (adj)	**geliefde**	[χelifdə]
tendresse (f)	**teerheid**	[teərhæjt]
tendre (affectueux)	**teer**	[teər]
fidélité (f)	**trou**	[træʊ]
fidèle (adj)	**trou**	[træʊ]
soin (m) (~ de qn)	**sorg**	[sorχ]
attentionné (adj)	**sorgsaam**	[sorχsām]
jeunes mariés (pl)	**pasgetroudes**	[pas·χetræʊdes]
lune (f) de miel	**wittebroodsdae**	[vittebroəds·daə]
se marier (prendre pour époux)	**trou**	[træʊ]
se marier (prendre pour épouse)	**trou**	[træʊ]
mariage (m)	**bruilof**	[brœilof]
les noces d'or	**goue bruilof**	[χæʊə brœilof]
anniversaire (m)	**verjaardag**	[ferjār·daχ]
amant (m)	**minnaar**	[minnār]
maîtresse (f)	**minnares**	[minnares]
adultère (m)	**owerspel**	[overspəl]
commettre l'adultère	**owerspel pleeg**	[overspəl pleəχ]
jaloux (adj)	**jaloers**	[jalurs]
être jaloux	**jaloers wees**	[jalurs veəs]
divorce (m)	**egskeiding**	[ɛχskæjdiŋ]
divorcer (vi)	**skei**	[skæj]
se disputer (vp)	**baklei**	[baklæj]
se réconcilier (vp)	**versoen**	[fersun]
ensemble (adv)	**saam**	[sām]
sexe (m)	**seks**	[seks]
bonheur (m)	**geluk**	[χeluk]
heureux (adj)	**gelukkig**	[χelukkəχ]
malheur (m)	**ongeluk**	[onχəluk]
malheureux (adj)	**ongelukkig**	[onχəlukkəχ]

Le caractère. Les émotions

58. Les sentiments. Les émotions

sentiment (m)	**gevoel**	[χeful]
sentiments (m pl)	**gevoelens**	[χefulɛŋs]
sentir (vt)	**voel**	[ful]
faim (f)	**honger**	[hoŋər]
avoir faim	**honger wees**	[hoŋər veəs]
soif (f)	**dors**	[dors]
avoir soif	**dors wees**	[dors veəs]
somnolence (f)	**slaperigheid**	[slaperiχæjt]
avoir sommeil	**vaak voel**	[fāk ful]
fatigue (f)	**moegheid**	[muχæjt]
fatigué (adj)	**moeg**	[muχ]
être fatigué	**moeg word**	[muχ vort]
humeur (f) (de bonne ~)	**stemming**	[stɛmmiŋ]
ennui (m)	**verveling**	[ferfeliŋ]
s'ennuyer (vp)	**verveeld wees**	[ferveəlt veəs]
solitude (f)	**afsondering**	[afsondəriŋ]
s'isoler (vp)	**jou afsonder**	[jæʊ afsondər]
inquiéter (vt)	**bekommerd maak**	[bekommərt māk]
s'inquiéter (vp)	**bekommerd wees**	[bekommərt veəs]
inquiétude (f)	**kommerwekkend**	[kommər·wɛkkent]
préoccupation (f)	**vrees**	[freəs]
soucieux (adj)	**behep**	[behep]
s'énerver (vp)	**senuweeagtig wees**	[senuveə·aχtəχ veəs]
paniquer (vi)	**paniekerig raak**	[panikerəχ rāk]
espoir (m)	**hoop**	[hoəp]
espérer (vi)	**hoop**	[hoəp]
certitude (f)	**sekerheid**	[sekərhæjt]
certain (adj)	**seker**	[sekər]
incertitude (f)	**onsekerheid**	[ɔŋsekərhæjt]
incertain (adj)	**onseker**	[ɔŋsekər]
ivre (adj)	**dronk**	[dronk]
sobre (adj)	**nugter**	[nuχtər]
faible (adj)	**swak**	[swak]
heureux (adj)	**gelukkig**	[χelukkəχ]
faire peur	**bang maak**	[baŋ māk]
fureur (f)	**kwaadheid**	[kwādhæjt]
rage (f), colère (f)	**woede**	[vudə]
dépression (f)	**depressie**	[deprɛssi]
inconfort (m)	**ongemak**	[onχəmak]

confort (m)	**gemak**	[χemak]
regretter (vt)	**jammer wees**	[jammər veəs]
regret (m)	**spyt**	[spajt]
malchance (f)	**teëspoed**	[teɛsput]
tristesse (f)	**droefheid**	[drufhæjt]
honte (f)	**skaamte**	[skāmtə]
joie, allégresse (f)	**vreugde**	[frøəχdə]
enthousiasme (m)	**entoesiasme**	[ɛntusiasmə]
enthousiaste (m)	**entoesiasties**	[ɛntusiastis]
avoir de l'enthousiasme	**begeestering toon**	[beχeəsteriŋ toən]

59. Le caractère. La personnalité

caractère (m)	**karakter**	[karaktər]
défaut (m)	**karakterfout**	[karaktər·fæʊt]
esprit (m)	**verstand**	[ferstant]
raison (f)	**verstand**	[ferstant]
conscience (f)	**gewete**	[χevetə]
habitude (f)	**gewoonte**	[χevoentə]
capacité (f)	**talent**	[talent]
savoir (faire qch)	**kan**	[kan]
patient (adj)	**geduldig**	[χeduldəχ]
impatient (adj)	**ongeduldig**	[onχəduldəχ]
curieux (adj)	**nuuskierig**	[nɪskirəχ]
curiosité (f)	**nuuskierigheid**	[nɪskiriχæjt]
modestie (f)	**beskeidenheid**	[beskæjdenhæjt]
modeste (adj)	**beskeie**	[beskæje]
vaniteux (adj)	**onbeskeie**	[onbeskæje]
paresse (f)	**luiheid**	[lœihæjt]
paresseux (adj)	**lui**	[lœi]
paresseux (m)	**luiaard**	[lœiārt]
astuce (f)	**sluheid**	[sluhæjt]
rusé (adj)	**slu**	[slu]
méfiance (f)	**wantroue**	[vantræʊə]
méfiant (adj)	**agterdogtig**	[aχtərdoχtəχ]
générosité (f)	**gulheid**	[χulhæjt]
généreux (adj)	**gulhartig**	[χulhartəχ]
doué (adj)	**talentvol**	[talentfol]
talent (m)	**talent**	[talent]
courageux (adj)	**moedig**	[mudəχ]
courage (m)	**moed**	[mut]
honnête (adj)	**eerlik**	[eərlik]
honnêteté (f)	**eerlikheid**	[eərlikhæjt]
prudent (adj)	**versigtig**	[fersiχtəχ]
courageux (adj)	**dapper**	[dappər]

sérieux (adj)	**ernstig**	[ɛrnstəχ]
sévère (adj)	**streng**	[streŋ]
décidé (adj)	**vasberade**	[fasberadə]
indécis (adj)	**besluiteloos**	[beslœiteloəs]
timide (adj)	**skaam**	[skām]
timidité (f)	**skaamheid**	[skāmhæjt]
confiance (f)	**vertroue**	[fertræʊə]
croire (qn)	**vertrou**	[fertræʊ]
confiant (adj)	**goedgelowig**	[χudχəlovəχ]
sincèrement (adv)	**opreg**	[opreχ]
sincère (adj)	**opregte**	[opreχtə]
sincérité (f)	**opregtheid**	[opreχthæjt]
ouvert (adj)	**oop**	[oəp]
calme (adj)	**kalm**	[kalm]
franc (sincère)	**openhartig**	[openhartəχ]
naïf (adj)	**naïef**	[naïef]
distrait (adj)	**verstrooid**	[ferstrojt]
drôle, amusant (adj)	**snaaks**	[snāks]
avidité (f)	**hebsug**	[hebsuχ]
avare (adj)	**hebsugtig**	[hebsuχtəχ]
radin (adj)	**gierig**	[χirəχ]
méchant (adj)	**boos**	[boəs]
têtu (adj)	**hardnekkig**	[hardnɛkkəχ]
désagréable (adj)	**onaangenaam**	[onānχənām]
égoïste (m)	**selfsugtig**	[sɛlfsuχtəχ]
égoïste (adj)	**selfsugtig**	[sɛlfsuχtəχ]
peureux (m)	**laffaard**	[laffārt]
peureux (adj)	**lafhartig**	[lafhartəχ]

60. Le sommeil. Les rêves

dormir (vi)	**slaap**	[slāp]
sommeil (m)	**slaap**	[slāp]
rêve (m)	**droom**	[droəm]
rêver (en dormant)	**droom**	[droəm]
endormi (adj)	**vaak**	[fāk]
lit (m)	**bed**	[bet]
matelas (m)	**matras**	[matras]
couverture (f)	**kombers**	[kombers]
oreiller (m)	**kussing**	[kussiŋ]
drap (m)	**laken**	[laken]
insomnie (f)	**slaaploosheid**	[slāploəshæjt]
sans sommeil (adj)	**slaaploos**	[slāploəs]
somnifère (m)	**slaappil**	[slāp·pil]
avoir sommeil	**vaak voel**	[fāk ful]
bâiller (vi)	**gaap**	[χāp]

aller se coucher	**gaan slaap**	[χān slāp]
faire le lit	**die bed opmaak**	[di bet opmāk]
s'endormir (vp)	**aan die slaap raak**	[ān di slāp rāk]
cauchemar (m)	**nagmerrie**	[naχmerri]
ronflement (m)	**gesnork**	[χesnork]
ronfler (vi)	**snork**	[snork]
réveil (m)	**wekker**	[vɛkkər]
réveiller (vt)	**wakker maak**	[vakkər māk]
se réveiller (vp)	**wakker word**	[vakkər vort]
se lever (tôt, tard)	**opstaan**	[opstān]
se laver (le visage)	**jou was**	[jæʊ vas]

61. L'humour. Le rire. La joie

humour (m)	**humor**	[humor]
sens (m) de l'humour	**humorsin**	[humorsin]
s'amuser (vp)	**jouself geniet**	[jæʊsɛlf χenit]
joyeux (adj)	**vrolik**	[frolik]
joie, allégresse (f)	**pret**	[pret]
sourire (m)	**glimlag**	[χlimlaχ]
sourire (vi)	**glimlag**	[χlimlaχ]
se mettre à rire	**begin lag**	[beχin laχ]
rire (vi)	**lag**	[laχ]
rire (m)	**lag**	[laχ]
anecdote (f)	**anekdote**	[anekdotə]
drôle, amusant (adj)	**snaaks**	[snāks]
comique, ridicule (adj)	**snaaks**	[snāks]
plaisanter (vi)	**grappies maak**	[χrappis māk]
plaisanterie (f)	**grappie**	[χrappi]
joie (f) (émotion)	**vreugde**	[frøəχdə]
se réjouir (vp)	**bly wees**	[blaj veəs]
joyeux (adj)	**bly**	[blaj]

62. Dialoguer et communiquer. Partie 1

communication (f)	**kommunikasie**	[kommunikasi]
communiquer (vi)	**kommunikeer**	[kommunikeər]
conversation (f)	**gesprek**	[χesprek]
dialogue (m)	**dialoog**	[dialoəχ]
discussion (f) (débat)	**diskussie**	[diskussi]
débat (m)	**dispuut**	[dispɪt]
discuter (vi)	**debatteer**	[debatteər]
interlocuteur (m)	**gespreksgenoot**	[χespreks·χenoət]
sujet (m)	**onderwerp**	[ondərwerp]
point (m) de vue	**standpunt**	[stand·punt]

opinion (f)	**opinie**	[opini]
discours (m)	**toespraak**	[tusprāk]
discussion (f) (d'un rapport)	**bespreking**	[besprekiŋ]
discuter (vt)	**bespreek**	[bespreək]
conversation (f)	**gesprek**	[χesprek]
converser (vi)	**gesels**	[χesɛls]
rencontre (f)	**ontmoeting**	[ontmutiŋ]
se rencontrer (vp)	**ontmoet**	[ontmut]
proverbe (m)	**spreekwoord**	[spreək·woərt]
dicton (m)	**gesegde**	[χeseχdə]
devinette (f)	**raaisel**	[rājsəl]
mot (m) de passe	**wagwoord**	[vaχ·woərt]
secret (m)	**geheim**	[χəhæjm]
serment (m)	**eed**	[eət]
jurer (de faire qch)	**sweer**	[sweər]
promesse (f)	**belofte**	[beloftə]
promettre (vt)	**beloof**	[beloəf]
conseil (m)	**raad**	[rāt]
conseiller (vt)	**aanraai**	[ānrāi]
suivre le conseil (de qn)	**raad volg**	[rāt folχ]
écouter (~ ses parents)	**luister na**	[lœistər na]
nouvelle (f)	**nuus**	[nɪs]
sensation (f)	**sensasie**	[sɛŋsasi]
renseignements (m pl)	**inligting**	[inliχtiŋ]
conclusion (f)	**slotsom**	[slotsom]
voix (f)	**stem**	[stem]
compliment (m)	**kompliment**	[kompliment]
aimable (adj)	**gaaf**	[χāf]
mot (m)	**woord**	[voərt]
phrase (f)	**frase**	[frasə]
réponse (f)	**antwoord**	[antwoərt]
vérité (f)	**waarheid**	[vārhæjt]
mensonge (m)	**leuen**	[løəen]
pensée (f)	**gedagte**	[χedaχtə]
idée (f)	**idee**	[ideə]
fantaisie (f)	**verbeelding**	[ferbeəldiŋ]

63. Dialoguer et communiquer. Partie 2

respecté (adj)	**gerespekteer**	[χerespekteər]
respecter (vt)	**respekteer**	[respekteər]
respect (m)	**respek**	[respek]
Cher ...	**Geagte ...**	[χeaχtə ...]
présenter (faire connaître)	**voorstel**	[foərstəl]
faire la connaissance	**kennismaak**	[kɛnnismāk]

intention (f)	**voorneme**	[foərnemə]
avoir l'intention	**voornemens wees**	[foərnemɛŋs veəs]
souhait (m)	**wens**	[vɛŋs]
souhaiter (vt)	**wens**	[vɛŋs]
étonnement (m)	**verrassing**	[ferrassiŋ]
étonner (vt)	**verras**	[ferras]
s'étonner (vp)	**verbaas wees**	[ferbās veəs]
donner (vt)	**gee**	[χeə]
prendre (vt)	**vat**	[fat]
rendre (vt)	**teruggee**	[teruχeə]
retourner (vt)	**terugvat**	[teruχfat]
s'excuser (vp)	**verskoning vra**	[ferskoniŋ fra]
excuse (f)	**verskoning**	[ferskoniŋ]
pardonner (vt)	**vergewe**	[ferχevə]
parler (~ avec qn)	**praat**	[prāt]
écouter (vt)	**luister**	[lœistər]
écouter jusqu'au bout	**aanhoor**	[ānhoər]
comprendre (vt)	**verstaan**	[ferstān]
montrer (vt)	**wys**	[vajs]
regarder (vt)	**kyk na ...**	[kajk na ...]
appeler (vt)	**roep**	[rup]
distraire (déranger)	**aflei**	[aflæj]
ennuyer (déranger)	**steur**	[støər]
passer (~ le message)	**deurgee**	[døərχeə]
prière (f) (demande)	**versoek**	[fersuk]
demander (vt)	**versoek**	[fersuk]
exigence (f)	**eis**	[æjs]
exiger (vt)	**eis**	[æjs]
taquiner (vt)	**terg**	[terχ]
se moquer (vp)	**terg**	[terχ]
moquerie (f)	**spot**	[spot]
surnom (m)	**bynaam**	[bajnām]
allusion (f)	**sinspeling**	[sinspeliŋ]
faire allusion	**sinspeel**	[sinspeəl]
sous-entendre (vt)	**impliseer**	[impliseər]
description (f)	**beskrywing**	[beskrajviŋ]
décrire (vt)	**beskryf**	[beskrajf]
éloge (m)	**lof**	[lof]
louer (vt)	**loof**	[loəf]
déception (f)	**teleurstelling**	[teløərstɛlliŋ]
décevoir (vt)	**teleurstel**	[teløərstəl]
être déçu	**teleurgestel**	[teløərχestəl]
supposition (f)	**veronderstelling**	[feronderstɛlliŋ]
supposer (vt)	**veronderstel**	[feronderstəl]
avertissement (m)	**waarskuwing**	[vārskuviŋ]
prévenir (vt)	**waarsku**	[vārsku]

64. Dialoguer et communiquer. Partie 3

convaincre (vt)	**ompraat**	[omprāt]
calmer (vt)	**kalmeer**	[kalmeər]
silence (m) (~ est d'or)	**stilte**	[stiltə]
rester silencieux	**stilbly**	[stilblaj]
chuchoter (vi, vt)	**fluister**	[flœistər]
chuchotement (m)	**gefluister**	[χeflœistər]
sincèrement (adv)	**openlik**	[openlik]
à mon avis ...	**volgens my ...**	[folχɛŋs maj ...]
détail (m) (d'une histoire)	**besonderhede**	[besondərhedə]
détaillé (adj)	**gedetailleerd**	[χedetajlleərt]
en détail (adv)	**in detail**	[in detajl]
indice (m)	**wenk**	[vɛnk]
regard (m)	**kykie**	[kajki]
jeter un coup d'oeil	**kyk**	[kajk]
fixe (un regard ~)	**strak**	[strak]
clignoter (vi)	**knipper**	[knippər]
cligner de l'oeil	**knipoog**	[knipoəχ]
hocher la tête	**knik**	[knik]
soupir (m)	**sug**	[suχ]
soupirer (vi)	**sug**	[suχ]
tressaillir (vi)	**huiwer**	[hœivər]
geste (m)	**gebaar**	[χebār]
toucher (de la main)	**aanraak**	[ānrāk]
saisir (par le bras)	**vat**	[fat]
taper (sur l'épaule)	**op die skouer tik**	[op di skæʊər tik]
Attention!	**Oppas!**	[oppas!]
Vraiment?	**Regtig?**	[reχtəχ?]
Tu es sûr?	**Is jy seker?**	[is jaj sekər?]
Bonne chance!	**Voorspoed!**	[foərspud!]
Compris!	**Ek sien!**	[ɛk sin!]
Dommage!	**Jammer!**	[jammər!]

65. L'accord. Le refus

accord (m)	**toelating**	[tulatiŋ]
être d'accord	**toelaat**	[tulāt]
approbation (f)	**goedkeuring**	[χudkøəriŋ]
approuver (vt)	**goedkeur**	[χudkøər]
refus (m)	**weiering**	[væjeriŋ]
se refuser (vp)	**weier**	[væjer]
Super!	**Wonderlik!**	[vondərlik!]
Bon!	**Goed!**	[χud!]
D'accord!	**OK!**	[okej!]
interdit (adj)	**verbode**	[ferbodə]

c'est interdit	**dit is verbode**	[dit is ferbodə]
c'est impossible	**dis onmoontlik**	[dis onmoentlik]
incorrect (adj)	**onjuis**	[onjœis]
décliner (vt)	**verwerp**	[ferwerp]
soutenir (vt)	**steun**	[støən]
accepter (condition, etc.)	**aanvaar**	[ānfār]
confirmer (vt)	**bevestig**	[befestəχ]
confirmation (f)	**bevestiging**	[befestəχiŋ]
permission (f)	**toelating**	[tulatiŋ]
permettre (vt)	**toelaat**	[tulāt]
décision (f)	**besluit**	[beslœit]
ne pas dire un mot	**stilbly**	[stilblaj]
condition (f)	**voorwaarde**	[foərwārdə]
excuse (f) (prétexte)	**verskoning**	[ferskoniŋ]
éloge (m)	**lof**	[lof]
louer (vt)	**loof**	[loəf]

66. La réussite. La chance. L'échec

succès (m)	**sukses**	[suksɛs]
avec succès (adv)	**suksesvol**	[suksɛsfol]
réussi (adj)	**suksesvol**	[suksɛsfol]
chance (f)	**geluk**	[χeluk]
Bonne chance!	**Voorspoed!**	[foərspud!]
de chance (jour ~)	**geluks-**	[χeluks-]
chanceux (adj)	**gelukkig**	[χelukkəχ]
échec (m)	**mislukking**	[mislukkiŋ]
infortune (f)	**teëspoed**	[teɛsput]
malchance (f)	**teëspoed**	[teɛsput]
raté (adj)	**onsuksesvol**	[ɔŋsuksɛsfol]
catastrophe (f)	**katastrofe**	[katastrofə]
fierté (f)	**trots**	[trots]
fier (adj)	**trots**	[trots]
être fier	**trots wees**	[trots veəs]
gagnant (m)	**wenner**	[vɛnnər]
gagner (vi)	**wen**	[ven]
perdre (vi)	**verloor**	[ferloər]
tentative (f)	**probeerslag**	[probeərslaχ]
essayer (vt)	**probeer**	[probeər]
chance (f)	**kans**	[kaŋs]

67. Les disputes. Les émotions négatives

cri (m)	**skreeu**	[skriʊ]
crier (vi)	**skreeu**	[skriʊ]

se mettre à crier	**begin skreeu**	[beχin skriʊ]
dispute (f)	**rusie**	[rusi]
se disputer (vp)	**baklei**	[baklæj]
scandale (m) (dispute)	**stryery**	[strajeraj]
faire un scandale	**spektakel maak**	[spektakəl māk]
conflit (m)	**konflik**	[konflik]
malentendu (m)	**misverstand**	[misferstant]
insulte (f)	**belediging**	[beledəχiŋ]
insulter (vt)	**beledig**	[beledəχ]
insulté (adj)	**beledig**	[beledəχ]
offense (f)	**gekrenktheid**	[χekrɛnkthæjt]
offenser (vt)	**beledig**	[beledəχ]
s'offenser (vp)	**gekrenk voel**	[χekrɛnk ful]
indignation (f)	**verontwaardiging**	[ferontwārdəχiŋ]
s'indigner (vp)	**verontwaardig wees**	[ferontwārdəχ veəs]
plainte (f)	**klag**	[klaχ]
se plaindre (vp)	**kla**	[kla]
excuse (f)	**verskoning**	[ferskoniŋ]
s'excuser (vp)	**verskoning vra**	[ferskoniŋ fra]
demander pardon	**om verskoning vra**	[om ferskoniŋ fra]
critique (f)	**kritiek**	[kritik]
critiquer (vt)	**kritiseer**	[kritiseər]
accusation (f)	**beskuldiging**	[beskuldəχiŋ]
accuser (vt)	**beskuldig**	[beskuldəχ]
vengeance (f)	**wraak**	[vrāk]
se venger (vp)	**wreek**	[vreək]
faire payer (qn)	**wraak neem**	[vrāk neəm]
mépris (m)	**minagting**	[minaχtiŋ]
mépriser (vt)	**minag**	[minaχ]
haine (f)	**haat**	[hāt]
haïr (vt)	**haat**	[hāt]
nerveux (adj)	**senuweeagtig**	[senuveə·aχtəχ]
s'énerver (vp)	**senuweeagtig wees**	[senuveə·aχtəχ veəs]
fâché (adj)	**kwaad**	[kwāt]
fâcher (vt)	**kwaad maak**	[kwāt māk]
humiliation (f)	**vernedering**	[fernedəriŋ]
humilier (vt)	**verneder**	[fernedər]
s'humilier (vp)	**jouself verneder**	[jæʊsɛlf fernedər]
choc (m)	**skok**	[skok]
choquer (vt)	**skok**	[skok]
ennui (m) (problème)	**probleme**	[problemə]
désagréable (adj)	**onaangenaam**	[onānχenām]
peur (f)	**vrees**	[freəs]
terrible (tempête, etc.)	**verskriklik**	[ferskriklik]
effrayant (histoire ~e)	**vreesaanjaend**	[freəsānjaent]

horreur (f)	**afgryse**	[afχrajsə]
horrible (adj)	**vreeslik**	[freəslik]
commencer à trembler	**begin beef**	[beχin beəf]
pleurer (vi)	**huil**	[hœil]
se mettre à pleurer	**begin huil**	[beχin hœil]
larme (f)	**traan**	[trān]
faute (f)	**skuld**	[skult]
culpabilité (f)	**skuldgevoel**	[skultχəful]
déshonneur (m)	**skande**	[skandə]
protestation (f)	**protes**	[protes]
stress (m)	**stres**	[stres]
déranger (vt)	**steur**	[støər]
être furieux	**woedend wees**	[vudent veəs]
en colère, fâché (adj)	**kwaad**	[kwāt]
rompre (relations)	**beëindig**	[beɛindəχ]
réprimander (vt)	**sweer**	[sweər]
prendre peur	**skrik**	[skrik]
frapper (vt)	**slaan**	[slān]
se battre (vp)	**baklei**	[baklæj]
régler (~ un conflit)	**besleg**	[besleχ]
mécontent (adj)	**ontevrede**	[ontefredə]
enragé (adj)	**woedend**	[vudent]
Ce n'est pas bien!	**Dis nie goed nie!**	[dis ni χut ni!]
C'est mal!	**Dis sleg!**	[dis sleχ!]

La médecine

68. Les maladies

maladie (f)	**siekte**	[siktə]
être malade	**siek wees**	[sik veəs]
santé (f)	**gesondheid**	[χesonthæjt]
rhume (m) (coryza)	**loopneus**	[loəpnøəs]
angine (f)	**keelontsteking**	[keəl·ontstekiŋ]
refroidissement (m)	**verkoue**	[ferkæʊə]
bronchite (f)	**bronchitis**	[bronχitis]
pneumonie (f)	**longontsteking**	[loŋ·ontstekiŋ]
grippe (f)	**griep**	[χrip]
myope (adj)	**bysiende**	[bajsində]
presbyte (adj)	**versiende**	[fersində]
strabisme (m)	**skeelheid**	[skeəlhæjt]
strabique (adj)	**skeel**	[skeəl]
cataracte (f)	**katarak**	[katarak]
glaucome (m)	**gloukoom**	[χlæʊkoəm]
insulte (f)	**beroerte**	[berurtə]
crise (f) cardiaque	**hartaanval**	[hart·ānfal]
infarctus (m) de myocarde	**hartinfark**	[hart·infark]
paralysie (f)	**verlamming**	[ferlammiŋ]
paralyser (vt)	**verlam**	[ferlam]
allergie (f)	**allergie**	[allerχi]
asthme (m)	**asma**	[asma]
diabète (m)	**suikersiekte**	[sœikər·siktə]
mal (m) de dents	**tandpyn**	[tand·pajn]
carie (f)	**tandbederf**	[tand·bederf]
diarrhée (f)	**diarree**	[diarreə]
constipation (f)	**hardlywigheid**	[hardlajviχæjt]
estomac (m) barbouillé	**maagongesteldheid**	[māχ·oŋəstɛldhæjt]
intoxication (f) alimentaire	**voedselvergiftiging**	[fudsəl·ferχiftəχiŋ]
être intoxiqué	**voedselvergiftiging kry**	[fudsəl·ferχiftəχiŋ kraj]
arthrite (f)	**artritis**	[artritis]
rachitisme (m)	**Engelse siekte**	[ɛŋəlsə siktə]
rhumatisme (m)	**reumatiek**	[røəmatik]
athérosclérose (f)	**artrosklerose**	[artrosklerosə]
gastrite (f)	**maagontsteking**	[māχ·ontstekiŋ]
appendicite (f)	**blindedermontsteking**	[blindəderm·ontstekiŋ]
cholécystite (f)	**galblaasontsteking**	[χalblās·ontstekiŋ]

ulcère (m) **maagsweer** [māχsweər]
rougeole (f) **masels** [masɛls]
rubéole (f) **Duitse masels** [dœitsə masɛls]
jaunisse (f) **geelsug** [χeəlsuχ]
hépatite (f) **hepatitis** [hepatitis]

schizophrénie (f) **skisofrenie** [skisofreni]
rage (f) (hydrophobie) **hondsdolheid** [hondsdolhæjt]
névrose (f) **neurose** [nøərosə]
commotion (f) cérébrale **harsingskudding** [harsiŋ·skuddiŋ]

cancer (m) **kanker** [kankər]
sclérose (f) **sklerose** [sklerosə]
sclérose (f) en plaques **veelvuldige sklerose** [feəlfuldiχə sklerosə]

alcoolisme (m) **alkoholisme** [alkoholismə]
alcoolique (m) **alkoholikus** [alkoholikus]
syphilis (f) **sifilis** [sifilis]
SIDA (m) **VIGS** [vigs]

tumeur (f) **tumor** [tumor]
maligne (adj) **kwaadaardig** [kwādārdəχ]
bénigne (adj) **goedaardig** [χudārdəχ]

fièvre (f) **koors** [koərs]
malaria (f) **malaria** [malaria]
gangrène (f) **gangreen** [χanχreən]
mal (m) de mer **seesiekte** [seə·siktə]
épilepsie (f) **epilepsie** [ɛpilepsi]

épidémie (f) **epidemie** [ɛpidemi]
typhus (m) **tifus** [tifus]
tuberculose (f) **tuberkulose** [tuberkulosə]
choléra (m) **cholera** [χolera]
peste (f) **pes** [pes]

69. Les symptômes. Le traitement. Partie 1

symptôme (m) **simptoom** [simptoəm]
température (f) **temperatuur** [temperatɪr]
fièvre (f) **koors** [koərs]
pouls (m) **polsslag** [pols·slaχ]

vertige (m) **duiseligheid** [dœiseliχæjt]
chaud (adj) **warm** [varm]
frisson (m) **koue rillings** [kæʊə rilliŋs]
pâle (adj) **bleek** [bleək]

toux (f) **hoes** [hus]
tousser (vi) **hoes** [hus]
éternuer (vi) **nies** [nis]
évanouissement (m) **floute** [flæʊtə]
s'évanouir (vp) **flou word** [flæʊ vort]
bleu (m) **blou kol** [blæʊ kol]

bosse (f)	**knop**	[knop]
se heurter (vp)	**stamp**	[stamp]
meurtrissure (f)	**besering**	[beseriŋ]
boiter (vi)	**hink**	[hink]
foulure (f)	**ontwrigting**	[ontwriχtiŋ]
se démettre (l'épaule, etc.)	**ontwrig**	[ontwrəχ]
fracture (f)	**breuk**	[brøək]
avoir une fracture	**n breuk hê**	[n brøək hɛ:]
coupure (f)	**sny**	[snaj]
se couper (~ le doigt)	**jouself sny**	[jæʊsɛlf snaj]
hémorragie (f)	**bloeding**	[bludiŋ]
brûlure (f)	**brandwond**	[brant·vont]
se brûler (vp)	**jouself brand**	[jæʊsɛlf brant]
se piquer (le doigt)	**prik**	[prik]
se piquer (vp)	**jouself prik**	[jæʊsɛlf prik]
blesser (vt)	**seermaak**	[seərmāk]
blessure (f)	**besering**	[beseriŋ]
plaie (f) (blessure)	**wond**	[vont]
trauma (m)	**trauma**	[trɔuma]
délirer (vi)	**yl**	[ajl]
bégayer (vi)	**stotter**	[stottər]
insolation (f)	**sonsteek**	[sɔŋ·steək]

70. Les symptômes. Le traitement. Partie 2

douleur (f)	**pyn**	[pajn]
écharde (f)	**splinter**	[splintər]
sueur (f)	**sweet**	[sweət]
suer (vi)	**sweet**	[sweət]
vomissement (m)	**braak**	[brāk]
spasmes (m pl)	**stuiptrekkings**	[stœip·trɛkkiŋs]
enceinte (adj)	**swanger**	[swaŋər]
naître (vi)	**gebore word**	[χeborə vort]
accouchement (m)	**geboorte**	[χeboərtə]
accoucher (vi)	**baar**	[bār]
avortement (m)	**aborsie**	[aborsi]
respiration (f)	**asemhaling**	[asemhaliŋ]
inhalation (f)	**inaseming**	[inasemiŋ]
expiration (f)	**uitaseming**	[œitasemiŋ]
expirer (vi)	**uitasem**	[œitasem]
inspirer (vi)	**inasem**	[inasem]
invalide (m)	**invalide**	[infalidə]
handicapé (m)	**kreupel**	[krøəpəl]
drogué (m)	**dwelmslaaf**	[dwɛlm·slāf]
sourd (adj)	**doof**	[doəf]

muet (adj)	**stom**	[stom]
sourd-muet (adj)	**doofstom**	[doəf·stom]
fou (adj)	**swaksinnig**	[swaksinnəχ]
fou (m)	**kranksinnige**	[kranksinniχə]
folle (f)	**kranksinnige**	[kranksinniχə]
devenir fou	**kranksinnig word**	[kranksinnəχ vort]
gène (m)	**geen**	[χeən]
immunité (f)	**immuniteit**	[immunitæjt]
héréditaire (adj)	**erflik**	[ɛrflik]
congénital (adj)	**aangebore**	[ānχəborə]
virus (m)	**virus**	[firus]
microbe (m)	**mikrobe**	[mikrobə]
bactérie (f)	**bakterie**	[bakteri]
infection (f)	**infeksie**	[infeksi]

71. Les symptômes. Le traitement. Partie 3

hôpital (m)	**hospitaal**	[hospitāl]
patient (m)	**pasiënt**	[pasiɛnt]
diagnostic (m)	**diagnose**	[diaχnosə]
cure (f) (faire une ~)	**genesing**	[χenesiŋ]
traitement (m)	**mediese behandeling**	[medisə behandəliŋ]
se faire soigner	**behandeling kry**	[behandəliŋ kraj]
traiter (un patient)	**behandel**	[behandəl]
soigner (un malade)	**versorg**	[fersorχ]
soins (m pl)	**versorging**	[fersorχiŋ]
opération (f)	**operasie**	[operasi]
panser (vt)	**verbind**	[ferbint]
pansement (m)	**verband**	[ferbant]
vaccination (f)	**inenting**	[inɛntiŋ]
vacciner (vt)	**inent**	[inɛnt]
piqûre (f)	**inspuiting**	[inspœitiŋ]
crise, attaque (f)	**aanval**	[ānfal]
amputation (f)	**amputasie**	[amputasi]
amputer (vt)	**amputeer**	[amputeər]
coma (m)	**koma**	[koma]
réanimation (f)	**intensiewe sorg**	[intɛnsivə sorχ]
se rétablir (vp)	**herstel**	[herstəl]
état (m) (de santé)	**kondisie**	[kondisi]
conscience (f)	**bewussyn**	[bevussajn]
mémoire (f)	**geheue**	[χəhøə]
arracher (une dent)	**trek**	[trɛk]
plombage (m)	**vulsel**	[fulsəl]
plomber (vt)	**vul**	[ful]
hypnose (f)	**hipnose**	[hipnosə]
hypnotiser (vt)	**hipnotiseer**	[hipnotiseər]

72. Les médecins

médecin (m)	**dokter**	[doktər]
infirmière (f)	**verpleegster**	[ferpleəχ·stər]
médecin (m) personnel	**lyfarts**	[lajf·arts]
dentiste (m)	**tandarts**	[tand·arts]
ophtalmologiste (m)	**oogarts**	[oəχ·arts]
généraliste (m)	**internis**	[internis]
chirurgien (m)	**chirurg**	[ʃirurχ]
psychiatre (m)	**psigiater**	[psiχiatər]
pédiatre (m)	**kinderdokter**	[kindər·doktər]
psychologue (m)	**sielkundige**	[silkundiχə]
gynécologue (m)	**ginekoloog**	[χinekoloəχ]
cardiologue (m)	**kardioloog**	[kardioloəχ]

73. Les médicaments. Les accessoires

médicament (m)	**medisyn**	[medisajn]
remède (m)	**geneesmiddel**	[χeneəs·middəl]
prescrire (vt)	**voorskryf**	[foərskrajf]
ordonnance (f)	**voorskrif**	[foərskrif]
comprimé (m)	**pil**	[pil]
onguent (m)	**salf**	[salf]
ampoule (f)	**ampul**	[ampul]
mixture (f)	**mengsel**	[meŋsəl]
sirop (m)	**stroop**	[stroəp]
pilule (f)	**pil**	[pil]
poudre (f)	**poeier**	[pujer]
bande (f)	**verband**	[ferbant]
coton (m) (ouate)	**watte**	[vattə]
iode (m)	**iodium**	[iodium]
sparadrap (m)	**pleister**	[plæjstər]
compte-gouttes (m)	**oogdrupper**	[oəχ·druppər]
thermomètre (m)	**termometer**	[termometər]
seringue (f)	**spuitnaald**	[spœit·nālt]
fauteuil (m) roulant	**rolstoel**	[rol·stul]
béquilles (f pl)	**krukke**	[krukkə]
anesthésique (m)	**pynstiller**	[pajn·stillər]
purgatif (m)	**lakseermiddel**	[lakseər·middəl]
alcool (m)	**spiritus**	[spiritus]
herbe (f) médicinale	**geneeskragtige kruie**	[χeneəs·kraχtiχə krœiə]
d'herbes (adj)	**kruie-**	[krœie-]

74. Le tabac et ses produits dérivés

tabac (m)	**tabak**	[tabak]
cigarette (f)	**sigaret**	[siχaret]
cigare (f)	**sigaar**	[siχār]
pipe (f)	**pyp**	[pajp]
paquet (m)	**pakkie**	[pakki]
allumettes (f pl)	**vuurhoutjies**	[fɪrhæʊkis]
boîte (f) d'allumettes	**vuurhoutjiedosie**	[fɪrhæʊki·dosi]
briquet (m)	**aansteker**	[āŋstekər]
cendrier (m)	**asbak**	[asbak]
étui (m) à cigarettes	**sigarethouer**	[siχaret·hæʊər]
fume-cigarette (m)	**sigaretpypie**	[siχaret·pajpi]
filtre (m)	**filter**	[filtər]
fumer (vi, vt)	**rook**	[roək]
allumer une cigarette	**aansteek**	[āŋsteək]
tabagisme (m)	**rook**	[roək]
fumeur (m)	**roker**	[rokər]
mégot (m)	**stompie**	[stompi]
fumée (f)	**rook**	[roək]
cendre (f)	**as**	[as]

L'HABITAT HUMAIN

La ville

75. La ville. La vie urbaine

ville (f)	**stad**	[stat]
capitale (f)	**hoofstad**	[hoəf·stat]
village (m)	**dorp**	[dorp]
plan (m) de la ville	**stadskaart**	[stats·kārt]
centre-ville (m)	**sentrum**	[sentrum]
banlieue (f)	**voorstad**	[foərstat]
de banlieue (adj)	**voorstedelik**	[foərstedelik]
périphérie (f)	**buitewyke**	[bœitəvajkə]
alentours (m pl)	**omgewing**	[omχeviŋ]
quartier (m)	**stadswyk**	[stats·wajk]
quartier (m) résidentiel	**woonbuurt**	[voənbɪrt]
trafic (m)	**verkeer**	[ferkeər]
feux (m pl) de circulation	**robot**	[robot]
transport (m) urbain	**openbare vervoer**	[openbarə ferfur]
carrefour (m)	**kruispunt**	[krœis·punt]
passage (m) piéton	**sebraoorgang**	[sebra·oərχaŋ]
passage (m) souterrain	**voetgangertonnel**	[futχaŋər·tonnəl]
traverser (vt)	**oorsteek**	[oərsteək]
piéton (m)	**voetganger**	[futχaŋər]
trottoir (m)	**sypaadjie**	[saj·pāʤi]
pont (m)	**brug**	[bruχ]
quai (m)	**wal**	[val]
fontaine (f)	**fontein**	[fontæjn]
allée (f)	**laning**	[laniŋ]
parc (m)	**park**	[park]
boulevard (m)	**boulevard**	[bulefar]
place (f)	**plein**	[plæjn]
avenue (f)	**laan**	[lān]
rue (f)	**straat**	[strāt]
ruelle (f)	**systraat**	[saj·strāt]
impasse (f)	**doodloopstraat**	[doədloəp·strāt]
maison (f)	**huis**	[hœis]
édifice (m)	**gebou**	[χebæʊ]
gratte-ciel (m)	**wolkekrabber**	[volkə·krabbər]
façade (f)	**gewel**	[χevəl]
toit (m)	**dak**	[dak]

fenêtre (f)	**venster**	[fɛŋstər]
arc (m)	**arkade**	[arkadə]
colonne (f)	**kolom**	[kolom]
coin (m)	**hoek**	[huk]
vitrine (f)	**uitstalraam**	[œitstalrām]
enseigne (f)	**reklamebord**	[reklamə·bort]
affiche (f)	**plakkaat**	[plakkāt]
affiche (f) publicitaire	**reklameplakkaat**	[reklamə·plakkāt]
panneau-réclame (m)	**aanplakbord**	[ānplakbort]
ordures (f pl)	**vullis**	[fullis]
poubelle (f)	**vullisbak**	[fullis·bak]
jeter à terre	**rommel strooi**	[romməl stroj]
décharge (f)	**vullishoop**	[fullis·hoəp]
cabine (f) téléphonique	**telefoonhokkie**	[telefoən·hokki]
réverbère (m)	**lamppaal**	[lamp·pāl]
banc (m)	**bank**	[bank]
policier (m)	**polisieman**	[polisi·man]
police (f)	**polisie**	[polisi]
clochard (m)	**bedelaar**	[bedelār]
sans-abri (m)	**daklose**	[daklosə]

76. Les institutions urbaines

magasin (m)	**winkel**	[vinkəl]
pharmacie (f)	**apteek**	[apteək]
opticien (m)	**optisiën**	[optisiɛn]
centre (m) commercial	**winkelsentrum**	[vinkəl·sentrum]
supermarché (m)	**supermark**	[supermark]
boulangerie (f)	**bakkery**	[bakkeraj]
boulanger (m)	**bakker**	[bakkər]
pâtisserie (f)	**banketbakkery**	[banket·bakkeraj]
épicerie (f)	**kruidenierswinkel**	[krœidenirs·vinkəl]
boucherie (f)	**slagter**	[slaχtər]
magasin (m) de légumes	**groentewinkel**	[χruntə·vinkəl]
marché (m)	**mark**	[mark]
salon (m) de café	**koffiekroeg**	[koffi·kruχ]
restaurant (m)	**restaurant**	[restɔurant]
brasserie (f)	**kroeg**	[kruχ]
pizzeria (f)	**pizzeria**	[pizzeria]
salon (m) de coiffure	**haarsalon**	[hār·salon]
poste (f)	**poskantoor**	[pos·kantoər]
pressing (m)	**droogskoonmakers**	[droəχ·skoən·makers]
atelier (m) de photo	**fotostudio**	[foto·studio]
magasin (m) de chaussures	**skoenwinkel**	[skun·vinkəl]
librairie (f)	**boekhandel**	[buk·handəl]

magasin (m) d'articles de sport	**sportwinkel**	[sport·vinkəl]
atelier (m) de retouche	**klereherstelwinkel**	[klerə·herstəl·vinkəl]
location (f) de vêtements	**klereverhuurwinkel**	[klerə·ferhɪr·vinkəl]
location (f) de films	**videowinkel**	[video·vinkəl]
cirque (m)	**sirkus**	[sirkus]
zoo (m)	**dieretuin**	[dirə·tœin]
cinéma (m)	**bioskoop**	[bioskoəp]
musée (m)	**museum**	[musøəm]
bibliothèque (f)	**biblioteek**	[biblioteək]
théâtre (m)	**teater**	[teatər]
opéra (m)	**opera**	[opera]
boîte (f) de nuit	**nagklub**	[naχ·klup]
casino (m)	**kasino**	[kasino]
mosquée (f)	**moskee**	[moskeə]
synagogue (f)	**sinagoge**	[sinaχoχə]
cathédrale (f)	**katedraal**	[katedrāl]
temple (m)	**tempel**	[tempəl]
église (f)	**kerk**	[kerk]
institut (m)	**kollege**	[kolledʒ]
université (f)	**universiteit**	[unifersitæjt]
école (f)	**skool**	[skoəl]
préfecture (f)	**stadhuis**	[stat·hœis]
mairie (f)	**stadhuis**	[stat·hœis]
hôtel (m)	**hotel**	[hotəl]
banque (f)	**bank**	[bank]
ambassade (f)	**ambassade**	[ambassadə]
agence (f) de voyages	**reisagentskap**	[ræjs·aχentskap]
bureau (m) d'information	**inligtingskantoor**	[inliχtiŋs·kantoər]
bureau (m) de change	**wisselkantoor**	[vissəl·kantoər]
métro (m)	**metro**	[metro]
hôpital (m)	**hospitaal**	[hospitāl]
station-service (f)	**petrolstasie**	[petrol·stasi]
parking (m)	**parkeerterrein**	[parkeər·terræjn]

77. Les transports en commun

autobus (m)	**bus**	[bus]
tramway (m)	**trem**	[trem]
trolleybus (m)	**trembus**	[trembus]
itinéraire (m)	**busroete**	[bus·rutə]
numéro (m)	**nommer**	[nommər]
prendre ...	**ry per ...**	[raj pər ...]
monter (dans l'autobus)	**inklim**	[inklim]
descendre de ...	**uitklim ...**	[œitklim ...]
arrêt (m)	**halte**	[haltə]

arrêt (m) prochain	**volgende halte**	[folχendə haltə]
terminus (m)	**eindpunt**	[æjnd·punt]
horaire (m)	**diensrooster**	[diŋs·roəstər]
attendre (vt)	**wag**	[vaχ]
ticket (m)	**kaartjie**	[kārki]
prix (m) du ticket	**reistarief**	[ræjs·tarif]
caissier (m)	**kaartjieverkoper**	[kārki·ferkopər]
contrôle (m) des tickets	**kaartjiekontrole**	[kārki·kontrolə]
contrôleur (m)	**kontroleur**	[kontroløər]
être en retard	**laat wees**	[lāt veəs]
rater (~ le train)	**mis**	[mis]
se dépêcher	**haastig wees**	[hāstəχ veəs]
taxi (m)	**taxi**	[taksi]
chauffeur (m) de taxi	**taxibestuurder**	[taksi·bestɪrdər]
en taxi	**per taxi**	[pər taksi]
arrêt (m) de taxi	**taxistaanplek**	[taksi·stānplek]
trafic (m)	**verkeer**	[ferkeər]
embouteillage (m)	**verkeersknoop**	[ferkeərs·knoəp]
heures (f pl) de pointe	**spitsuur**	[spits·ɪr]
se garer (vp)	**parkeer**	[parkeər]
garer (vt)	**parkeer**	[parkeər]
parking (m)	**parkeerterrein**	[parkeər·terræjn]
métro (m)	**metro**	[metro]
station (f)	**stasie**	[stasi]
prendre le métro	**die metro vat**	[di metro fat]
train (m)	**trein**	[træjn]
gare (f)	**treinstasie**	[træjn·stasi]

78. Le tourisme

monument (m)	**monument**	[monument]
forteresse (f)	**fort**	[fort]
palais (m)	**paleis**	[palæjs]
château (m)	**kasteel**	[kasteəl]
tour (f)	**toring**	[toriŋ]
mausolée (m)	**mausoleum**	[mɔusoløəm]
architecture (f)	**argitektuur**	[arχitektɪr]
médiéval (adj)	**Middeleeus**	[middeliʊs]
ancien (adj)	**oud**	[æʊt]
national (adj)	**nasionaal**	[naʃionāl]
connu (adj)	**bekend**	[bekent]
touriste (m)	**toeris**	[turɪs]
guide (m) (personne)	**gids**	[χids]
excursion (f)	**uitstappie**	[œitstappi]
montrer (vt)	**wys**	[vajs]
raconter (une histoire)	**vertel**	[fertəl]

trouver (vt)	**vind**	[fint]
se perdre (vp)	**verdwaal**	[ferdwāl]
plan (m) (du metro, etc.)	**kaart**	[kārt]
carte (f) (de la ville, etc.)	**kaart**	[kārt]
souvenir (m)	**aandenking**	[āndenkiŋ]
boutique (f) de souvenirs	**geskenkwinkel**	[χeskɛnk·vinkəl]
prendre en photo	**fotografeer**	[fotoχrafeər]
se faire prendre en photo	**jou portret laat maak**	[jæʊ portret lāt māk]

79. Le shopping

acheter (vt)	**koop**	[koəp]
achat (m)	**aankoop**	[ānkoəp]
faire des achats	**inkopies doen**	[inkopis dun]
shopping (m)	**inkoop**	[inkoəp]
être ouvert	**oop wees**	[oəp veəs]
être fermé	**toe wees**	[tu veəs]
chaussures (f pl)	**skoeisel**	[skuisəl]
vêtement (m)	**klere**	[klerə]
produits (m pl) de beauté	**kosmetika**	[kosmetika]
produits (m pl) alimentaires	**voedingsware**	[fudiŋs·warə]
cadeau (m)	**present**	[present]
vendeur (m)	**verkoper**	[ferkopər]
vendeuse (f)	**verkoopsdame**	[ferkoəps·damə]
caisse (f)	**kassier**	[kassir]
miroir (m)	**spieël**	[spiɛl]
comptoir (m)	**toonbank**	[toən·bank]
cabine (f) d'essayage	**paskamer**	[pas·kamər]
essayer (robe, etc.)	**aanpas**	[ānpas]
aller bien (robe, etc.)	**pas**	[pas]
plaire (être apprécié)	**hou van**	[hæʊ fan]
prix (m)	**prys**	[prajs]
étiquette (f) de prix	**pryskaartjie**	[prajs·kārki]
coûter (vt)	**kos**	[kos]
Combien?	**Hoeveel?**	[hufeəl?]
rabais (m)	**afslag**	[afslaχ]
pas cher (adj)	**billik**	[billik]
bon marché (adj)	**goedkoop**	[χudkoəp]
cher (adj)	**duur**	[dɪr]
C'est cher	**dis duur**	[dis dɪr]
location (f)	**verhuur**	[ferhɪr]
louer (une voiture, etc.)	**verhuur**	[ferhɪr]
crédit (m)	**krediet**	[kredit]
à crédit (adv)	**op krediet**	[op kredit]

80. L'argent

argent (m)	**geld**	[χɛlt]
échange (m)	**valutaruil**	[faluta·rœil]
cours (m) de change	**wisselkoers**	[vissəl·kurs]
distributeur (m)	**OTM**	[o·te·em]
monnaie (f)	**muntstuk**	[muntstuk]
dollar (m)	**dollar**	[dollar]
euro (m)	**euro**	[øəro]
lire (f)	**lira**	[lira]
mark (m) allemand	**Duitse mark**	[dœitsə mark]
franc (m)	**frank**	[frank]
livre sterling (f)	**pond sterling**	[pont sterliŋ]
yen (m)	**yen**	[jɛn]
dette (f)	**skuld**	[skult]
débiteur (m)	**skuldenaar**	[skuldenār]
prêter (vt)	**uitleen**	[œitleən]
emprunter (vt)	**leen**	[leən]
banque (f)	**bank**	[bank]
compte (m)	**rekening**	[rekəniŋ]
verser (dans le compte)	**deponeer**	[deponeər]
retirer du compte	**trek**	[trek]
carte (f) de crédit	**kredietkaart**	[kredit·kārt]
espèces (f pl)	**kontant**	[kontant]
chèque (m)	**tjek**	[ʧek]
chéquier (m)	**tjekboek**	[ʧek·buk]
portefeuille (m)	**beursie**	[bøərsi]
bourse (f)	**muntstukbeursie**	[muntstuk·bøərsi]
coffre fort (m)	**brandkas**	[brant·kas]
héritier (m)	**erfgenaam**	[ɛrfχənām]
héritage (m)	**erfenis**	[ɛrfenis]
fortune (f)	**fortuin**	[fortœin]
location (f)	**huur**	[hɪr]
loyer (m) (argent)	**huur**	[hɪr]
louer (prendre en location)	**huur**	[hɪr]
prix (m)	**prys**	[prajs]
coût (m)	**prys**	[prajs]
somme (f)	**som**	[som]
dépenser (vt)	**spandeer**	[spandeər]
dépenses (f pl)	**onkoste**	[onkostə]
économiser (vt)	**besuinig**	[besœinəχ]
économe (adj)	**ekonomies**	[ɛkonomis]
payer (régler)	**betaal**	[betāl]
paiement (m)	**betaling**	[betaliŋ]

monnaie (f) (rendre la ~)	**wisselgeld**	[vissəl·χɛlt]
impôt (m)	**belasting**	[belastiŋ]
amende (f)	**boete**	[butə]
mettre une amende	**beboet**	[bebut]

81. La poste. Les services postaux

poste (f)	**poskantoor**	[pos·kantoər]
courrier (m) (lettres, etc.)	**pos**	[pos]
facteur (m)	**posbode**	[pos·bodə]
heures (f pl) d'ouverture	**besigheidsure**	[besiχæjts·urə]
lettre (f)	**brief**	[brif]
recommandé (m)	**geregistreerde brief**	[χereχistreərdə brif]
carte (f) postale	**poskaart**	[pos·kārt]
télégramme (m)	**telegram**	[teleχram]
colis (m)	**pakkie**	[pakki]
mandat (m) postal	**geldoorplasing**	[χɛld·oərplasiŋ]
recevoir (vt)	**ontvang**	[ontfaŋ]
envoyer (vt)	**stuur**	[stɪr]
envoi (m)	**versending**	[fersendiŋ]
adresse (f)	**adres**	[adres]
code (m) postal	**poskode**	[pos·kodə]
expéditeur (m)	**sender**	[sendər]
destinataire (m)	**ontvanger**	[ontfaŋər]
prénom (m)	**voornaam**	[foərnām]
nom (m) de famille	**van**	[fan]
tarif (m)	**postarief**	[pos·tarif]
normal (adj)	**standaard**	[standārt]
économique (adj)	**ekonomies**	[ɛkonomis]
poids (m)	**gewig**	[χevəχ]
peser (~ les lettres)	**weeg**	[veəχ]
enveloppe (f)	**koevert**	[kufert]
timbre (m)	**posseël**	[pos·seɛl]

Le logement. La maison. Le foyer

82. La maison. Le logis

maison (f)	**huis**	[hœis]
chez soi	**tuis**	[tœis]
cour (f)	**werf**	[verf]
clôture (f)	**omheining**	[omhæjniŋ]
brique (f)	**baksteen**	[baksteən]
en brique (adj)	**baksteen-**	[baksteən-]
pierre (f)	**klip**	[klip]
en pierre (adj)	**klip-**	[klip-]
béton (m)	**beton**	[beton]
en béton (adj)	**beton-**	[beton-]
neuf (adj)	**nuut**	[nɪt]
vieux (adj)	**ou**	[æʊ]
délabré (adj)	**vervalle**	[ferfallə]
moderne (adj)	**moderne**	[modernə]
à plusieurs étages	**multiverdieping-**	[multi·ferdipiŋ-]
haut (adj)	**hoë**	[hoɛ]
étage (m)	**verdieping**	[ferdipiŋ]
sans étage (adj)	**enkelverdieping**	[ɛnkəl·ferdipiŋ]
rez-de-chaussée (m)	**eerste verdieping**	[eərstə ferdipiŋ]
dernier étage (m)	**boonste verdieping**	[boəŋstə verdipiŋ]
toit (m)	**dak**	[dak]
cheminée (f)	**skoorsteen**	[skoərsteən]
tuile (f)	**dakteëls**	[dakteɛls]
en tuiles (adj)	**geteël**	[χeteɛl]
grenier (m)	**solder**	[soldər]
fenêtre (f)	**venster**	[fɛŋstər]
vitre (f)	**glas**	[χlas]
rebord (m)	**vensterbank**	[fɛŋstər·bank]
volets (m pl)	**luik**	[lœik]
mur (m)	**muur**	[mɪr]
balcon (m)	**balkon**	[balkon]
gouttière (f)	**reënpyp**	[reɛn·pajp]
en haut (à l'étage)	**bo**	[bo]
monter (vi)	**boontoe gaan**	[boentu χān]
descendre (vi)	**afkom**	[afkom]
déménager (vi)	**verhuis**	[ferhœis]

83. La maison. L'entrée. L'ascenseur

entrée (f)	**ingang**	[inχaŋ]
escalier (m)	**trap**	[trap]
marches (f pl)	**treetjies**	[treəkis]
rampe (f)	**leuning**	[løəniŋ]
hall (m)	**voorportaal**	[foər·portāl]
boîte (f) à lettres	**posbus**	[pos·bus]
poubelle (f) d'extérieur	**vullisblik**	[fullis·blik]
vide-ordures (m)	**vullisgeut**	[fullis·χøət]
ascenseur (m)	**hysbak**	[hajsbak]
monte-charge (m)	**vraghysbak**	[fraχ·hajsbak]
cabine (f)	**hysbak**	[hajsbak]
prendre l'ascenseur	**hysbak neem**	[hajsbak neəm]
appartement (m)	**woonstel**	[voəŋstəl]
locataires (m pl)	**bewoners**	[bevoners]
voisin (m)	**buurman**	[bɪrman]
voisine (f)	**buurvrou**	[bɪrfræʊ]
voisins (m pl)	**bure**	[burə]

84. La maison. La porte. La serrure

porte (f)	**deur**	[døər]
portail (m)	**hek**	[hek]
poignée (f)	**deurknop**	[døər·knop]
déverrouiller (vt)	**oopsluit**	[oəpslœit]
ouvrir (vt)	**oopmaak**	[oəpmāk]
fermer (vt)	**sluit**	[slœit]
clé (f)	**sleutel**	[sløətəl]
trousseau (m), jeu (m)	**bos**	[bos]
grincer (la porte)	**kraak**	[krāk]
grincement (m)	**gekraak**	[χekrāk]
gond (m)	**skarnier**	[skarnir]
paillasson (m)	**deurmat**	[døər·mat]
serrure (f)	**deurslot**	[døər·slot]
trou (m) de la serrure	**sleutelgat**	[sløətəl·χat]
verrou (m)	**grendel**	[χrendəl]
loquet (m)	**deurknip**	[døər·knip]
cadenas (m)	**hangslot**	[haŋslot]
sonner (à la porte)	**lui**	[lœi]
sonnerie (f)	**gelui**	[χelœi]
sonnette (f)	**deurklokkie**	[døər·klokki]
bouton (m)	**belknoppie**	[bɛl·knoppi]
coups (m pl) à la porte	**klop**	[klop]
frapper (~ à la porte)	**klop**	[klop]

code (m)	**kode**	[kodə]
serrure (f) à combinaison	**kombinasieslot**	[kombinasi·slot]
interphone (m)	**interkom**	[interkom]
numéro (m)	**nommer**	[nommər]
plaque (f) de porte	**naambordjie**	[nām·bordʒi]
judas (m)	**loergaatjie**	[lurχāki]

85. La maison de campagne

village (m)	**dorp**	[dorp]
potager (m)	**groentetuin**	[χrunte·tœin]
palissade (f)	**heining**	[hæjniŋ]
clôture (f)	**spitspaalheining**	[spitspāl·hæjniŋ]
portillon (m)	**tuinhekkie**	[tœin·hɛkki]
grange (f)	**graanstoorplek**	[χrāŋ·stoərplek]
cave (f)	**wortelkelder**	[vortəl·keldər]
abri (m) de jardin	**tuinhuisie**	[tœin·hœisi]
puits (m)	**waterput**	[vatər·put]
poêle (m) (~ à bois)	**houtkaggel**	[hæʊt·kaχχəl]
chauffer le poêle	**die houtkaggel stook**	[di hæʊt·kaχχəl stoək]
bois (m) de chauffage	**brandhout**	[brant·hæʊt]
bûche (f)	**stomp**	[stomp]
véranda (f)	**stoep**	[stup]
terrasse (f)	**dek**	[dek]
perron (m) d'entrée	**ingangstrappie**	[inχaŋs·trappi]
balançoire (f)	**swaai**	[swāi]

86. Le château. Le palais

château (m)	**kasteel**	[kasteəl]
palais (m)	**paleis**	[palæjs]
forteresse (f)	**fort**	[fort]
muraille (f)	**ringmuur**	[riŋ·mɪr]
tour (f)	**toring**	[toriŋ]
donjon (m)	**toring**	[toriŋ]
herse (f)	**valhek**	[falhek]
souterrain (m)	**tonnel**	[tonnəl]
douve (f)	**grag**	[χraχ]
chaîne (f)	**ketting**	[kɛttiŋ]
meurtrière (f)	**skietgat**	[skitχat]
magnifique (adj)	**pragtig**	[praχtəχ]
majestueux (adj)	**majestueus**	[majestuøəs]
inaccessible (adj)	**onneembaar**	[onneəmbār]
médiéval (adj)	**Middeleeus**	[middeliʊs]

87. L'appartement

appartement (m)	**woonstel**	[voəŋstəl]
chambre (f)	**kamer**	[kamər]
chambre (f) à coucher	**slaapkamer**	[slāp·kamər]
salle (f) à manger	**eetkamer**	[eət·kamər]
salon (m)	**sitkamer**	[sit·kamər]
bureau (m)	**studeerkamer**	[studeər·kamər]
antichambre (f)	**ingangsportaal**	[inχaŋs·portāl]
salle (f) de bains	**badkamer**	[bad·kamər]
toilettes (f pl)	**toilet**	[tojlet]
plafond (m)	**plafon**	[plafon]
plancher (m)	**vloer**	[flur]
coin (m)	**hoek**	[huk]

88. L'appartement. Le ménage

faire le ménage	**skoonmaak**	[skoənmāk]
ranger (jouets, etc.)	**bêre**	[bærə]
poussière (f)	**stof**	[stof]
poussiéreux (adj)	**stoffig**	[stoffəχ]
essuyer la poussière	**afstof**	[afstof]
aspirateur (m)	**stofsuier**	[stof·sœiər]
passer l'aspirateur	**stofsuig**	[stofsœiχ]
balayer (vt)	**vee**	[feə]
balayures (f pl)	**veegsel**	[feəχsəl]
ordre (m)	**orde**	[ordə]
désordre (m)	**wanorde**	[vanordə]
balai (m) à franges	**mop**	[mop]
torchon (m)	**stoflap**	[stoflap]
balayette (f) de sorgho	**kort besem**	[kort besem]
pelle (f) à ordures	**skoppie**	[skoppi]

89. Les meubles. L'intérieur

meubles (m pl)	**meubels**	[møəbɛls]
table (f)	**tafel**	[tafel]
chaise (f)	**stoel**	[stul]
lit (m)	**bed**	[bet]
canapé (m)	**rusbank**	[rusbank]
fauteuil (m)	**gemakstoel**	[χemak·stul]
bibliothèque (f) (meuble)	**boekkas**	[buk·kas]
rayon (m)	**rak**	[rak]
armoire (f)	**klerekas**	[klerə·kas]
patère (f)	**kapstok**	[kapstok]

portemanteau (m)	**kapstok**	[kapstok]
commode (f)	**laaikas**	[lājkas]
table (f) basse	**koffietafel**	[koffi·tafəl]
miroir (m)	**spieël**	[spiɛl]
tapis (m)	**mat**	[mat]
petit tapis (m)	**matjie**	[maki]
cheminée (f)	**vuurherd**	[fɪr·hert]
bougie (f)	**kers**	[kers]
chandelier (m)	**kandelaar**	[kandelār]
rideaux (m pl)	**gordyne**	[χordajnə]
papier (m) peint	**muurpapier**	[mɪr·papir]
jalousie (f)	**blindings**	[blindiŋs]
lampe (f) de table	**tafellamp**	[tafel·lamp]
applique (f)	**muurlamp**	[mɪr·lamp]
lampadaire (m)	**staanlamp**	[stān·lamp]
lustre (m)	**kroonlugter**	[kroən·luχtər]
pied (m) (~ de la table)	**poot**	[poət]
accoudoir (m)	**armleuning**	[arm·løəniŋ]
dossier (m)	**rugleuning**	[ruχ·løəniŋ]
tiroir (m)	**laai**	[lāi]

90. La literie

linge (m) de lit	**beddegoed**	[beddə·χut]
oreiller (m)	**kussing**	[kussiŋ]
taie (f) d'oreiller	**kussingsloop**	[kussiŋ·sloəp]
couverture (f)	**duvet**	[dufet]
drap (m)	**laken**	[laken]
couvre-lit (m)	**bedsprei**	[bed·spræj]

91. La cuisine

cuisine (f)	**kombuis**	[kombœis]
gaz (m)	**gas**	[χas]
cuisinière (f) à gaz	**gasstoof**	[χas·stoəf]
cuisinière (f) électrique	**elektriese stoof**	[elektrisə stoəf]
four (m)	**oond**	[oent]
four (m) micro-ondes	**mikrogolfoond**	[mikroχolf·oent]
réfrigérateur (m)	**yskas**	[ajs·kas]
congélateur (m)	**vrieskas**	[friskas]
lave-vaisselle (m)	**skottelgoedwasser**	[skottɛlχud·wassər]
hachoir (m) à viande	**vleismeul**	[flæjs·møəl]
centrifugeuse (f)	**versapper**	[fersappər]
grille-pain (m)	**broodrooster**	[broəd·roəstər]
batteur (m)	**menger**	[meŋər]

machine (f) à café	**koffiemasjien**	[koffi·maʃin]
cafetière (f)	**koffiepot**	[koffi·pot]
moulin (m) à café	**koffiemeul**	[koffi·møəl]
bouilloire (f)	**fluitketel**	[flœit·ketəl]
théière (f)	**teepot**	[teə·pot]
couvercle (m)	**deksel**	[deksəl]
passoire (f) à thé	**teesiffie**	[teə·siffi]
cuillère (f)	**lepel**	[lepəl]
petite cuillère (f)	**teelepeltjie**	[teə·lepəlki]
cuillère (f) à soupe	**soplepel**	[sop·lepəl]
fourchette (f)	**vurk**	[furk]
couteau (m)	**mes**	[mes]
vaisselle (f)	**tafelgerei**	[tafel·χeræj]
assiette (f)	**bord**	[bort]
soucoupe (f)	**piering**	[piriŋ]
verre (m) à shot	**likeurglas**	[likøər·χlas]
verre (m) (~ d'eau)	**glas**	[χlas]
tasse (f)	**koppie**	[koppi]
sucrier (m)	**suikerpot**	[sœikər·pot]
salière (f)	**soutvaatjie**	[sæʊt·fāki]
poivrière (f)	**pepervaatjie**	[pepər·fāki]
beurrier (m)	**botterbakkie**	[bottər·bakki]
casserole (f)	**soppot**	[sop·pot]
poêle (f)	**braaipan**	[brāj·pan]
louche (f)	**opskeplepel**	[opskep·lepəl]
passoire (f)	**vergiet**	[ferχit]
plateau (m)	**skinkbord**	[skink·bort]
bouteille (f)	**bottel**	[bottəl]
bocal (m) (à conserves)	**fles**	[fles]
boîte (f) en fer-blanc	**blikkie**	[blikki]
ouvre-bouteille (m)	**botteloopmaker**	[bottəl·oəpmakər]
ouvre-boîte (m)	**blikoopmaker**	[blik·oəpmakər]
tire-bouchon (m)	**kurktrekker**	[kurk·trɛkkər]
filtre (m)	**filter**	[filtər]
filtrer (vt)	**filter**	[filtər]
ordures (f pl)	**vullis**	[fullis]
poubelle (f)	**vullisbak**	[fullis·bak]

92. La salle de bains

salle (f) de bains	**badkamer**	[bad·kamər]
eau (f)	**water**	[vatər]
robinet (m)	**kraan**	[krān]
eau (f) chaude	**warme water**	[varmə vatər]
eau (f) froide	**koue water**	[kæʊə vatər]

dentifrice (m) **tandepasta** [tandə·pasta]
se brosser les dents **tande borsel** [tandə borsəl]
brosse (f) à dents **tandeborsel** [tandə·borsəl]

se raser (vp) **skeer** [skeər]
mousse (f) à raser **skeerroom** [skeər·roəm]
rasoir (m) **skeermes** [skeər·mes]

laver (vt) **was** [vas]
se laver (vp) **bad** [bat]
douche (f) **stort** [stort]
prendre une douche **stort** [stort]

baignoire (f) **bad** [bat]
cuvette (f) **toilet** [tojlet]
lavabo (m) **wasbak** [vas·bak]

savon (m) **seep** [seəp]
porte-savon (m) **seepbakkie** [seəp·bakki]

éponge (f) **spons** [spɔŋs]
shampooing (m) **sjampoe** [ʃampu]
serviette (f) **handdoek** [handduk]
peignoir (m) de bain **badjas** [batjas]

lessive (f) (faire la ~) **was** [vas]
machine (f) à laver **wasmasjien** [vas·maʃin]
faire la lessive **die wasgoed was** [di vasχut vas]
lessive (f) (poudre) **waspoeier** [vas·pujer]

93. Les appareils électroménagers

téléviseur (m) **TV-stel** [te·fe-stəl]
magnétophone (m) **bandspeler** [band·spelər]
magnétoscope (m) **videomasjien** [video·maʃin]
radio (f) **radio** [radio]
lecteur (m) **speler** [spelər]

vidéoprojecteur (m) **videoprojektor** [video·projektor]
home cinéma (m) **tuisfliekteater** [tœis·flik·teatər]
lecteur DVD (m) **DVD-speler** [de·fe·de-spelər]
amplificateur (m) **versterker** [fersterkər]
console (f) de jeux **videokonsole** [video·kɔŋsolə]

caméscope (m) **videokamera** [video·kamera]
appareil (m) photo **kamera** [kamera]
appareil (m) photo numérique **digitale kamera** [diχitalə kamera]

aspirateur (m) **stofsuier** [stof·sœiər]
fer (m) à repasser **strykyster** [strajk·ajstər]
planche (f) à repasser **strykplank** [strajk·plank]

téléphone (m) **telefoon** [telefoən]
portable (m) **selfoon** [sɛlfoən]

machine (f) à écrire	**tikmasjien**	[tik·maʃin]
machine (f) à coudre	**naaimasjien**	[naj·maʃin]
micro (m)	**mikrofoon**	[mikrofoən]
écouteurs (m pl)	**koptelefoon**	[kop·telefoən]
télécommande (f)	**afstandsbeheer**	[afstands·beheər]
CD (m)	**CD**	[se·de]
cassette (f)	**kasset**	[kasset]
disque (m) (vinyle)	**plaat**	[plāt]

94. Les travaux de réparation et de rénovation

rénovation (f)	**opknapwerk**	[opknap·werk]
faire la rénovation	**opknap**	[opknap]
réparer (vt)	**herstel**	[herstəl]
remettre en ordre	**aan kant maak**	[ān kant māk]
refaire (vt)	**oordoen**	[oərdun]
peinture (f)	**verf**	[ferf]
peindre (des murs)	**verf**	[ferf]
peintre (m) en bâtiment	**skilder**	[skildər]
pinceau (m)	**verfborsel**	[ferf·borsəl]
chaux (f)	**witkalk**	[vitkalk]
blanchir à la chaux	**wit**	[vit]
papier (m) peint	**muurpapier**	[mɪr·papir]
tapisser (vt)	**behang**	[behaŋ]
vernis (m)	**vernis**	[fernis]
vernir (vt)	**vernis**	[fernis]

95. La plomberie

eau (f)	**water**	[vatər]
eau (f) chaude	**warme water**	[varmə vatər]
eau (f) froide	**koue water**	[kæʊə vatər]
robinet (m)	**kraan**	[krān]
goutte (f)	**druppel**	[druppəl]
goutter (vi)	**drup**	[drup]
fuir (tuyau)	**lek**	[lek]
fuite (f)	**lekkasie**	[lɛkkasi]
flaque (f)	**poeletjie**	[puləki]
tuyau (m)	**pyp**	[pajp]
valve (f)	**kraan**	[krān]
se boucher (vp)	**verstop raak**	[ferstop rāk]
outils (m pl)	**gereedskap**	[χereədskap]
clé (f) réglable	**skroefsleutel**	[skruf·sløətəl]
dévisser (vt)	**losskroef**	[losskruf]

visser (vt)	**vasskroef**	[fasskruf]
déboucher (vt)	**oopmaak**	[oəpmāk]
plombier (m)	**loodgieter**	[loədχitər]
sous-sol (m)	**kelder**	[kɛldər]
égouts (m pl)	**riolering**	[rioleriŋ]

96. L'incendie

feu (m)	**brand**	[brant]
flamme (f)	**vlam**	[flam]
étincelle (f)	**vonk**	[fonk]
fumée (f)	**rook**	[roək]
flambeau (m)	**fakkel**	[fakkel]
feu (m) de bois	**kampvuur**	[kampfɪr]
essence (f)	**petrol**	[petrol]
kérosène (m)	**kerosien**	[kerosin]
inflammable (adj)	**ontvambaar**	[ontfambār]
explosif (adj)	**ontplofbaar**	[ontplofbār]
DÉFENSE DE FUMER	**ROOK VERBODE**	[roək ferbodə]
sécurité (f)	**veiligheid**	[fæjliχæjt]
danger (m)	**gevaar**	[χefār]
dangereux (adj)	**gevaarlik**	[χefārlik]
prendre feu	**vlam vat**	[flam fat]
explosion (f)	**ontploffing**	[ontploffiŋ]
mettre feu	**aan die brand steek**	[ān di brant steək]
incendiaire (m)	**brandstigter**	[brant·stiχtər]
incendie (m) prémédité	**brandstigting**	[brant·stiχtiŋ]
flamboyer (vi)	**brand**	[brant]
brûler (vi)	**brand**	[brant]
brûler complètement	**afbrand**	[afbrant]
appeler les pompiers	**die brandweer roep**	[di brantveər rup]
pompier (m)	**brandweerman**	[brantveər·man]
voiture (f) de pompiers	**brandweerwa**	[brantveər·wa]
sapeurs-pompiers (pl)	**brandweer**	[brantveər]
échelle (f) des pompiers	**brandweerwaleer**	[brantveər·wa·leər]
tuyau (m) d'incendie	**brandslang**	[brant·slaŋ]
extincteur (m)	**brandblusser**	[brant·blussər]
casque (m)	**helmet**	[hɛlmet]
sirène (f)	**sirene**	[sirenə]
crier (vi)	**skreeu**	[skriʊ]
appeler au secours	**hulp roep**	[hulp rup]
secouriste (m)	**redder**	[rɛddər]
sauver (vt)	**red**	[ret]
venir (vi)	**aankom**	[ānkom]
éteindre (feu)	**blus**	[blus]
eau (f)	**water**	[vatər]

sable (m)	**sand**	[sant]
ruines (f pl)	**ruïnes**	[ruïnes]
tomber en ruine	**instort**	[instort]
s'écrouler (vp)	**val**	[fal]
s'effondrer (vp)	**instort**	[instort]
morceau (m) (de mur, etc.)	**brokstukke**	[brokstukkə]
cendre (f)	**as**	[as]
mourir étouffé	**verstik**	[ferstik]
périr (vi)	**omkom**	[omkom]

LES ACTIVITÉS HUMAINS

Le travail. Les affaires. Partie 1

97. Les opérations bancaires

banque (f)	**bank**	[bank]
agence (f) bancaire	**tak**	[tak]
conseiller (m)	**bankklerk**	[bank·klerk]
gérant (m)	**bestuurder**	[bestɪrdər]
compte (m)	**bankrekening**	[bank·rekəniŋ]
numéro (m) du compte	**rekeningnommer**	[rekəniŋ·nommər]
compte (m) courant	**tjekrekening**	[ʧek·rekəniŋ]
compte (m) sur livret	**spaarrekening**	[spār·rekəniŋ]
clôturer le compte	**die rekening sluit**	[di rekəniŋ slœit]
retirer du compte	**trek**	[trek]
dépôt (m)	**deposito**	[deposito]
virement (m) bancaire	**telegrafiese oorplasing**	[teleχrafisə oərplasiŋ]
faire un transfert	**oorplaas**	[oərplās]
somme (f)	**som**	[som]
Combien?	**Hoeveel?**	[hufeəl?]
signature (f)	**handtekening**	[hand·tekəniŋ]
signer (vt)	**onderteken**	[ondərtekən]
carte (f) de crédit	**kredietkaart**	[kredit·kārt]
code (m)	**kode**	[kodə]
numéro (m) de carte de crédit	**kredietkaartnommer**	[kredit·kārt·nommər]
distributeur (m)	**OTM**	[o·te·em]
chèque (m)	**tjek**	[ʧek]
chéquier (m)	**tjekboek**	[ʧek·buk]
crédit (m)	**lening**	[leniŋ]
gage (m)	**waarborg**	[vārborχ]

98. Le téléphone. La conversation téléphonique

téléphone (m)	**telefoon**	[telefoən]
portable (m)	**selfoon**	[sɛlfoən]
répondeur (m)	**antwoordmasjien**	[antwoərt·maʃin]
téléphoner, appeler	**bel**	[bəl]

appel (m)	**oproep**	[oprup]
Allô!	**Hallo!**	[hallo!]
demander (~ l'heure)	**vra**	[fra]
répondre (vi, vt)	**antwoord**	[antwoərt]
entendre (bruit, etc.)	**hoor**	[hoər]
bien (adv)	**goed**	[χut]
mal (adv)	**nie goed nie**	[ni χut ni]
bruits (m pl)	**steurings**	[støəriŋs]
récepteur (m)	**gehoorstuk**	[χehoərstuk]
décrocher (vt)	**optel**	[optəl]
raccrocher (vi)	**afskakel**	[afskakəl]
occupé (adj)	**besig**	[besəχ]
sonner (vi)	**lui**	[lœi]
carnet (m) de téléphone	**telefoongids**	[telefoən·χids]
local (adj)	**lokale**	[lokalə]
appel (m) local	**lokale oproep**	[lokalə oprup]
interurbain (adj)	**langafstand**	[lanχ·afstant]
appel (m) interurbain	**langafstand oproep**	[lanχ·afstant oprup]
international (adj)	**internasionale**	[internaʃionalə]
appel (m) international	**internasionale oproep**	[internaʃionalə oprup]

99. Le téléphone portable

portable (m)	**selfoon**	[sɛlfoən]
écran (m)	**skerm**	[skerm]
bouton (m)	**knoppie**	[knoppi]
carte SIM (f)	**SIMkaart**	[sim·kārt]
pile (f)	**battery**	[battəraj]
être déchargé	**pap wees**	[pap veəs]
chargeur (m)	**batterylaaier**	[battəraj·lajer]
menu (m)	**spyskaart**	[spajs·kārt]
réglages (m pl)	**instellings**	[instɛlliŋs]
mélodie (f)	**wysie**	[vajsi]
sélectionner (vt)	**kies**	[kis]
calculatrice (f)	**sakrekenaar**	[sakrekənār]
répondeur (m)	**stempos**	[stem·pos]
réveil (m)	**wekker**	[vɛkkər]
contacts (m pl)	**kontakte**	[kontaktə]
SMS (m)	**SMS**	[es·em·es]
abonné (m)	**intekenaar**	[intekənār]

100. La papeterie

stylo (m) à bille	**bolpen**	[bol·pen]
stylo (m) à plume	**vulpen**	[ful·pen]

crayon (m)	**potlood**	[potloət]
marqueur (m)	**merkpen**	[merk·pen]
feutre (m)	**viltpen**	[filt·pen]
bloc-notes (m)	**notaboekie**	[nota·buki]
agenda (m)	**dagboek**	[daχ·buk]
règle (f)	**liniaal**	[liniāl]
calculatrice (f)	**sakrekenaar**	[sakrekənār]
gomme (f)	**uitveër**	[œitfeɛr]
punaise (f)	**duimspyker**	[dœim·spajkər]
trombone (m)	**skuifspeld**	[skœif·spɛlt]
colle (f)	**gom**	[χom]
agrafeuse (f)	**krammasjien**	[kram·maʃin]
perforateur (m)	**ponsmasjien**	[pɔŋs·maʃin]
taille-crayon (m)	**skerpmaker**	[skerp·makər]

Le travail. Les affaires. Partie 2

101. Les mëdias de masse

journal (m)	**koerant**	[kurant]
revue (f)	**tydskrif**	[tajdskrif]
presse (f)	**pers**	[pers]
radio (f)	**radio**	[radio]
station (f) de radio	**omroep**	[omrup]
télévision (f)	**televisie**	[telefisi]
animateur (m)	**aanbieder**	[ānbidər]
présentateur (m) de journaux télévisés	**nuusleser**	[nɪslesər]
commentateur (m)	**kommentator**	[kommentator]
journaliste (m)	**joernalis**	[jurnalis]
correspondant (m)	**korrespondent**	[korrespondɛnt]
reporter photographe (m)	**persfotograaf**	[pers·fotoχrāf]
reporter (m)	**verslaggewer**	[ferslaχ·χevər]
rédacteur (m)	**redakteur**	[redaktøər]
rédacteur (m) en chef	**hoofredakteur**	[hoəf·redaktøər]
s'abonner (vp)	**inteken op ...**	[intekən op ...]
abonnement (m)	**intekening**	[intekəniŋ]
abonné (m)	**intekenaar**	[intekənār]
lire (vi, vt)	**lees**	[leəs]
lecteur (m)	**leser**	[lesər]
tirage (m)	**oplaag**	[oplāχ]
mensuel (adj)	**maandeliks**	[māndəliks]
hebdomadaire (adj)	**weekliks**	[veəkliks]
numéro (m)	**nommer**	[nommər]
nouveau (~ numéro)	**nuwe**	[nuvə]
titre (m)	**opskrif**	[opskrif]
entrefilet (m)	**kort artikel**	[kort artikəl]
rubrique (f)	**kolom**	[kolom]
article (m)	**artikel**	[artikəl]
page (f)	**bladsy**	[bladsaj]
reportage (m)	**veslag**	[feslaχ]
événement (m)	**gebeurtenis**	[χebøərtenis]
sensation (f)	**sensasie**	[sɛŋsasi]
scandale (m)	**skandaal**	[skandāl]
scandaleux	**skandelik**	[skandəlik]
grand (~ scandale)	**groot**	[χroət]
émission (f)	**program**	[proχram]
interview (f)	**onderhoud**	[ondərhæʊt]

émission (f) en direct	**regstreekse uitsending**	[reχstreəksə œitsendiŋ]
chaîne (f) (~ payante)	**kanaal**	[kanāl]

102. L'agriculture

agriculture (f)	**landbou**	[landbæʊ]
paysan (m)	**boer**	[bur]
paysanne (f)	**boervrou**	[bur·fræʊ]
fermier (m)	**boer**	[bur]
tracteur (m)	**trekker**	[trɛkkər]
moissonneuse-batteuse (f)	**stroper**	[stropər]
charrue (f)	**ploeg**	[pluχ]
labourer (vt)	**ploeg**	[pluχ]
champ (m) labouré	**ploegland**	[pluχlant]
sillon (m)	**voor**	[foər]
semer (vt)	**saai**	[sāi]
semeuse (f)	**saaier**	[sājer]
semailles (f pl)	**saai**	[sāi]
faux (f)	**sens**	[sɛŋs]
faucher (vt)	**maai**	[māi]
pelle (f)	**graaf**	[χrāf]
bêcher (vt)	**omspit**	[omspit]
couperet (m)	**skoffel**	[skoffəl]
sarcler (vt)	**skoffel**	[skoffəl]
mauvaise herbe (f)	**onkruid**	[onkrœit]
arrosoir (m)	**gieter**	[χitər]
arroser (plantes)	**nat gooi**	[nat χoj]
arrosage (m)	**nat gooi**	[nat χoj]
fourche (f)	**gaffel**	[χaffəl]
râteau (m)	**hark**	[hark]
engrais (m)	**misstof**	[misstof]
engraisser (vt)	**bemes**	[bemes]
fumier (m)	**misstof**	[misstof]
champ (m)	**veld**	[fɛlt]
pré (m)	**weiland**	[væjlant]
potager (m)	**groentetuin**	[χruntə·tœin]
jardin (m)	**boord**	[boərt]
faire paître	**wei**	[væj]
berger (m)	**herder**	[herdər]
pâturage (m)	**weiland**	[væjlant]
élevage (m)	**veeboerdery**	[feə·burderaj]
élevage (m) de moutons	**skaapboerdery**	[skāp·burderaj]

plantation (f)	**aanplanting**	[ānplantiŋ]
plate-bande (f)	**bedding**	[beddiŋ]
serre (f)	**broeikas**	[bruikas]
sécheresse (f)	**droogte**	[droəχtə]
sec (l'été ~)	**droog**	[droəχ]
grains (m pl)	**graan**	[χrān]
céréales (f pl)	**graangewasse**	[χrān·χəwassə]
récolter (vt)	**oes**	[us]
meunier (m)	**meulenaar**	[møəlenār]
moulin (m)	**meul**	[møəl]
moudre (vt)	**maal**	[māl]
farine (f)	**meelblom**	[meəl·blom]
paille (f)	**strooi**	[stroj]

103. Le BTP et la construction

chantier (m)	**bouperseel**	[bæʊ·perseəl]
construire (vt)	**bou**	[bæʊ]
ouvrier (m) du bâtiment	**bouwerker**	[bæʊ·verkər]
projet (m)	**projek**	[projek]
architecte (m)	**argitek**	[arχitek]
ouvrier (m)	**werker**	[verkər]
fondations (f pl)	**fondament**	[fondament]
toit (m)	**dak**	[dak]
pieu (m) de fondation	**heipaal**	[hæjpāl]
mur (m)	**muur**	[mɪr]
ferraillage (m)	**betonstaal**	[betɔŋ·stāl]
échafaudage (m)	**steiers**	[stæjers]
béton (m)	**beton**	[beton]
granit (m)	**graniet**	[χranit]
pierre (f)	**klip**	[klip]
brique (f)	**baksteen**	[baksteən]
sable (m)	**sand**	[sant]
ciment (m)	**sement**	[sement]
plâtre (m)	**pleister**	[plæjstər]
plâtrer (vt)	**pleister**	[plæjstər]
peinture (f)	**verf**	[ferf]
peindre (des murs)	**verf**	[ferf]
tonneau (m)	**drom**	[drom]
grue (f)	**kraan**	[krān]
monter (vt)	**optel**	[optəl]
abaisser (vt)	**laat sak**	[lāt sak]
bulldozer (m)	**stootskraper**	[stoət·skrapər]
excavateur (m)	**graafmasjien**	[χrāf·maʃin]

godet (m)	**bak**	[bak]
creuser (vt)	**grawe**	[χravə]
casque (m)	**helmet**	[hɛlmet]

Les professions. Les mètiers

104. La recherche d'emploi. Le licenciement

travail (m)	**baantjie**	[bãnki]
employés (pl)	**personeel**	[personeəl]
personnel (m)	**personeel**	[personeəl]
carrière (f)	**loopbaan**	[loəpbãn]
perspective (f)	**vooruitsigte**	[foərœit·siχtə]
maîtrise (f)	**meesterskap**	[meəsterskap]
sélection (f)	**seleksie**	[seleksi]
agence (f) de recrutement	**arbeidsburo**	[arbæjds·buro]
C.V. (m)	**curriculum vitae**	[kurrikulum fitaə]
entretien (m)	**werksonderhoud**	[werk·ondərhæʊt]
emploi (m) vacant	**vakature**	[fakaturə]
salaire (m)	**salaris**	[salaris]
salaire (m) fixe	**vaste salaris**	[fastə salaris]
rémunération (f)	**loon**	[loən]
poste (m) (~ évolutif)	**posisie**	[posisi]
fonction (f)	**taak**	[tãk]
liste (f) des fonctions	**reeks opdragte**	[reəks opdraχtə]
occupé (adj)	**besig**	[besəχ]
licencier (vt)	**afdank**	[afdank]
licenciement (m)	**afdanking**	[afdankiŋ]
chômage (m)	**werkloosheid**	[verkloəshæjt]
chômeur (m)	**werkloos**	[verkloəs]
retraite (f)	**pensioen**	[pɛnsiun]
prendre sa retraite	**met pensioen gaan**	[met pɛnsiun χãn]

105. Les hommes d'affaires

directeur (m)	**direkteur**	[direktøər]
gérant (m)	**bestuurder**	[bestɪrdər]
patron (m)	**baas**	[bãs]
supérieur (m)	**hoof**	[hoəf]
supérieurs (m pl)	**hoofde**	[hoəfdə]
président (m)	**direkteur**	[direktøər]
président (m) (d'entreprise)	**voorsitter**	[foərsittər]
adjoint (m)	**adjunk**	[adjunk]
assistant (m)	**assistent**	[assistent]

secrétaire (m, f)	**sekretaris**	[sekretaris]
secrétaire (m, f) personnel	**persoonlike assistent**	[persoənlikə assistent]
homme (m) d'affaires	**sakeman**	[sakəman]
entrepreneur (m)	**entrepreneur**	[ɛntrəprenøər]
fondateur (m)	**stigter**	[stiχtər]
fonder (vt)	**stig**	[stiχ]
fondateur (m)	**stigter**	[stiχtər]
partenaire (m)	**vennoot**	[fɛnnoət]
actionnaire (m)	**aandeelhouer**	[āndeəl·hæʊər]
millionnaire (m)	**miljoenér**	[miljunær]
milliardaire (m)	**miljardér**	[miljardær]
propriétaire (m)	**eienaar**	[æjenār]
propriétaire (m) foncier	**grondeienaar**	[χront·æjenār]
client (m)	**kliênt**	[kliɛnt]
client (m) régulier	**vaste kliênt**	[fastə kliɛnt]
acheteur (m)	**koper**	[kopər]
visiteur (m)	**besoeker**	[besukər]
professionnel (m)	**professioneel**	[profɛssioneəl]
expert (m)	**kenner**	[kɛnnər]
spécialiste (m)	**spesialis**	[spesialis]
banquier (m)	**bankier**	[bankir]
courtier (m)	**makelaar**	[makəlār]
caissier (m)	**kassier**	[kassir]
comptable (m)	**boekhouer**	[bukhæʊər]
agent (m) de sécurité	**veiligheidswag**	[fæjliχæjts·waχ]
investisseur (m)	**belegger**	[beleχər]
débiteur (m)	**skuldenaar**	[skuldenār]
créancier (m)	**krediteur**	[kreditøər]
emprunteur (m)	**lener**	[lenər]
importateur (m)	**invoerder**	[infurdər]
exportateur (m)	**uitvoerder**	[œitfurdər]
producteur (m)	**produsent**	[produsent]
distributeur (m)	**verdeler**	[ferdelər]
intermédiaire (m)	**tussenpersoon**	[tussən·persoən]
conseiller (m)	**raadgewer**	[rāt·χevər]
représentant (m)	**verkoopsagent**	[ferkoəps·aχent]
agent (m)	**agent**	[aχent]
agent (m) d'assurances	**versekeringsagent**	[fersəkeriŋs·aχent]

106. Les mètiers des services

cuisinier (m)	**kok**	[kok]
cuisinier (m) en chef	**sjef**	[ʃef]

boulanger (m)	**bakker**	[bakkər]
barman (m)	**kroegman**	[kruχman]
serveur (m)	**kelner**	[kɛlnər]
serveuse (f)	**kelnerin**	[kɛlnərin]
avocat (m)	**advokaat**	[adfokāt]
juriste (m)	**prokureur**	[prokurøər]
notaire (m)	**notaris**	[notaris]
électricien (m)	**elektrisiên**	[ɛlektrisiɛn]
plombier (m)	**loodgieter**	[loədχitər]
charpentier (m)	**timmerman**	[timmerman]
masseur (m)	**masseerder**	[masseərdər]
masseuse (f)	**masseerster**	[masseərstər]
médecin (m)	**dokter**	[doktər]
chauffeur (m) de taxi	**taxibestuurder**	[taksi·bestɪrdər]
chauffeur (m)	**bestuurder**	[bestɪrdər]
livreur (m)	**koerier**	[kurir]
femme (f) de chambre	**kamermeisie**	[kamər·mæjsi]
agent (m) de sécurité	**veiligheidswag**	[fæjliχæjts·waχ]
hôtesse (f) de l'air	**lugwaardin**	[luχ·wārdin]
professeur (m)	**onderwyser**	[ondərwajsər]
bibliothécaire (m)	**bibliotekaris**	[bibliotekaris]
traducteur (m)	**vertaler**	[fertalər]
interprète (m)	**tolk**	[tolk]
guide (m)	**gids**	[χids]
coiffeur (m)	**haarkapper**	[hār·kappər]
facteur (m)	**posbode**	[pos·bodə]
vendeur (m)	**verkoper**	[ferkopər]
jardinier (m)	**tuinman**	[tœin·man]
serviteur (m)	**bediende**	[bedində]
servante (f)	**bediende**	[bedində]
femme (f) de ménage	**skoonmaakster**	[skoən·mākstər]

107. Les professions militaires et leurs grades

soldat (m) (grade)	**soldaat**	[soldāt]
sergent (m)	**sersant**	[sersant]
lieutenant (m)	**luitenant**	[lœitənant]
capitaine (m)	**kaptein**	[kaptæjn]
commandant (m)	**majoor**	[majoər]
colonel (m)	**kolonel**	[kolonəl]
général (m)	**generaal**	[χenerāl]
maréchal (m)	**maarskalk**	[mārskalk]
amiral (m)	**admiraal**	[admirāl]
militaire (m)	**leêr**	[leɛr]
soldat (m)	**soldaat**	[soldāt]

officier (m)	**offisier**	[offisir]
commandant (m)	**kommandant**	[kommandant]
garde-frontière (m)	**grenswag**	[χrɛŋs·waχ]
opérateur (m) radio	**radio-operateur**	[radio-operatøər]
éclaireur (m)	**verkenner**	[ferkɛnnər]
démineur (m)	**sappeur**	[sappøər]
tireur (m)	**skutter**	[skuttər]
navigateur (m)	**navigator**	[nafiχator]

108. Les fonctionnaires. Les prétres

roi (m)	**koning**	[koniŋ]
reine (f)	**koningin**	[koniŋin]
prince (m)	**prins**	[prins]
princesse (f)	**prinses**	[prinsəs]
tsar (m)	**tsaar**	[tsār]
tsarine (f)	**tsarina**	[tsarina]
président (m)	**president**	[president]
ministre (m)	**minister**	[ministər]
premier ministre (m)	**eerste minister**	[eərstə ministər]
sénateur (m)	**senator**	[senator]
diplomate (m)	**diplomaat**	[diplomāt]
consul (m)	**konsul**	[kɔŋsul]
ambassadeur (m)	**ambassadeur**	[ambassadøər]
conseiller (m)	**adviseur**	[adfisøər]
fonctionnaire (m)	**amptenaar**	[amptənar]
préfet (m)	**prefek**	[prefek]
maire (m)	**burgermeester**	[burgər·meəstər]
juge (m)	**regter**	[reχtər]
procureur (m)	**aanklaer**	[ānklaər]
missionnaire (m)	**sendeling**	[sendəliŋ]
moine (m)	**monnik**	[monnik]
abbé (m)	**ab**	[ap]
rabbin (m)	**rabbi**	[rɑbbi]
vizir (m)	**visier**	[fisir]
shah (m)	**sjah**	[ʃah]
cheik (m)	**sjeik**	[ʃæjk]

109. Les professions agricoles

apiculteur (m)	**byeboer**	[bajebur]
berger (m)	**herder**	[herdər]
agronome (m)	**landboukundige**	[landbæʊ·kundiχə]

éleveur (m)	**veeteler**	[feə·telər]
vétérinaire (m)	**veearts**	[feə·arts]
fermier (m)	**boer**	[bur]
vinificateur (m)	**wynmaker**	[vajn·makər]
zoologiste (m)	**dierkundige**	[dir·kundiχə]
cow-boy (m)	**cowboy**	[kovboj]

110. Les professions artistiques

acteur (m)	**akteur**	[aktøər]
actrice (f)	**aktrise**	[aktrisə]
chanteur (m)	**sanger**	[saŋər]
cantatrice (f)	**sangeres**	[saŋəres]
danseur (m)	**danser**	[daŋsər]
danseuse (f)	**danseres**	[daŋsəres]
artiste (m)	**verhoogkunstenaar**	[ferhoəχ·kunstənār]
artiste (f)	**verhoogkunstenares**	[ferhoəχ·kunstənares]
musicien (m)	**musikant**	[musikant]
pianiste (m)	**pianis**	[pianis]
guitariste (m)	**kitaarspeler**	[kitār·spelər]
chef (m) d'orchestre	**dirigent**	[diriχent]
compositeur (m)	**komponis**	[komponis]
imprésario (m)	**impresario**	[impresario]
metteur (m) en scène	**filmregisseur**	[film·reχissøər]
producteur (m)	**produsent**	[produsent]
scénariste (m)	**draaiboekskrywer**	[drājbuk·skrajvər]
critique (m)	**kritikus**	[kritikus]
écrivain (m)	**skrywer**	[skrajvər]
poète (m)	**digter**	[diχtər]
sculpteur (m)	**beeldhouer**	[beəldhæʊər]
peintre (m)	**kunstenaar**	[kunstenār]
jongleur (m)	**jongleur**	[jonχløər]
clown (m)	**hanswors**	[haŋswors]
acrobate (m)	**akrobaat**	[akrobāt]
magicien (m)	**goêlaar**	[χoɛlār]

111. Les diffèrents mètiers

médecin (m)	**dokter**	[doktər]
infirmière (f)	**verpleegster**	[ferpleəχ·stər]
psychiatre (m)	**psigiater**	[psiχiatər]
stomatologue (m)	**tandarts**	[tand·arts]
chirurgien (m)	**chirurg**	[ʃirurχ]

astronaute (m)	**astronout**	[astronæʊt]
astronome (m)	**astronoom**	[astronoəm]
pilote (m)	**piloot**	[piloət]
chauffeur (m)	**bestuurder**	[bestɪrdər]
conducteur (m) de train	**treindrywer**	[træjn·drajvər]
mécanicien (m)	**werktuigkundige**	[verktœiχ·kundiχə]
mineur (m)	**mynwerker**	[majn·werkər]
ouvrier (m)	**werker**	[verkər]
serrurier (m)	**slotmaker**	[slot·makər]
menuisier (m)	**skrynwerker**	[skrajn·werkər]
tourneur (m)	**draaibankwerker**	[drājbank·werkər]
ouvrier (m) du bâtiment	**bouwerker**	[bæʊ·verkər]
soudeur (m)	**sweiser**	[swæjsər]
professeur (m) (titre)	**professor**	[profɛssor]
architecte (m)	**argitek**	[arχitek]
historien (m)	**historikus**	[historikus]
savant (m)	**wetenskaplike**	[vetɛŋskaplikə]
physicien (m)	**fisikus**	[fisikus]
chimiste (m)	**skeikundige**	[skæjkundiχə]
archéologue (m)	**argeoloog**	[arχeoloəχ]
géologue (m)	**geoloog**	[χeoloəχ]
chercheur (m)	**navorser**	[naforsər]
baby-sitter (m, f)	**babasitter**	[babasittər]
pédagogue (m, f)	**onderwyser**	[ondərwajsər]
rédacteur (m)	**redakteur**	[redaktøər]
rédacteur (m) en chef	**hoofredakteur**	[hoəf·redaktøər]
correspondant (m)	**korrespondent**	[korrespondɛnt]
dactylographe (f)	**tikster**	[tikstər]
designer (m)	**ontwerper**	[ontwerpər]
informaticien (m)	**rekenaarkenner**	[rekənār·kɛnnər]
programmeur (m)	**programmeur**	[proχrammøər]
ingénieur (m)	**ingenieur**	[inχeniøər]
marin (m)	**matroos**	[matroəs]
matelot (m)	**seeman**	[seəman]
secouriste (m)	**redder**	[rɛddər]
pompier (m)	**brandweerman**	[brantveər·man]
policier (m)	**polisieman**	[polisi·man]
veilleur (m) de nuit	**bewaker**	[bevakər]
détective (m)	**speurder**	[spøərdər]
douanier (m)	**doeanebeampte**	[duanə·beamptə]
garde (m) du corps	**lyfwag**	[lajf·waχ]
gardien (m) de prison	**tronkbewaarder**	[tronk·bevārdər]
inspecteur (m)	**inspekteur**	[inspektøər]
sportif (m)	**sportman**	[sportman]
entraîneur (m)	**breier**	[bræjer]

boucher (m)	**slagter**	[slaχtər]
cordonnier (m)	**skoenmaker**	[skun·makər]
commerçant (m)	**handelaar**	[handəlār]
chargeur (m)	**laaier**	[lājer]
couturier (m)	**modeontwerper**	[modə·ontwerpər]
modèle (f)	**model**	[modəl]

112. Les occupations. Le statut social

écolier (m)	**skoolseun**	[skoəl·søən]
étudiant (m)	**student**	[student]
philosophe (m)	**filosoof**	[filosoəf]
économiste (m)	**ekonoom**	[ɛkonoəm]
inventeur (m)	**uitvinder**	[œitfindər]
chômeur (m)	**werkloos**	[verkloəs]
retraité (m)	**pensioentrekker**	[pɛnsiun·trɛkkər]
espion (m)	**spioen**	[spiun]
prisonnier (m)	**gevangene**	[χefaŋənə]
gréviste (m)	**staker**	[stakər]
bureaucrate (m)	**burokraat**	[burokrāt]
voyageur (m)	**reisiger**	[ræjsiχər]
homosexuel (m)	**gay**	[χaaj]
hacker (m)	**kuberkraker**	[kubər·krakər]
hippie (m, f)	**hippie**	[hippi]
bandit (m)	**bandiet**	[bandit]
tueur (m) à gages	**huurmoordenaar**	[hɪr·moərdenār]
drogué (m)	**dwelmslaaf**	[dwɛlm·slāf]
trafiquant (m) de drogue	**dwelmhandelaar**	[dwɛlm·handəlār]
prostituée (f)	**prostituut**	[prostitɪt]
souteneur (m)	**pooier**	[pojer]
sorcier (m)	**towenaar**	[tovenār]
sorcière (f)	**heks**	[heks]
pirate (m)	**piraat, seerower**	[pirāt], [seə·rovər]
esclave (m)	**slaaf**	[slāf]
samouraï (m)	**samoerai**	[samuraj]
sauvage (m)	**wilde**	[vildə]

Le sport

113. Les types de sports. Les sportifs

sportif (m)	**sportman**	[sportman]
type (m) de sport	**sportsoorte**	[sport·soərtə]
basket-ball (m)	**basketbal**	[basketbal]
basketteur (m)	**basketbalspeler**	[basketbal·spelər]
base-ball (m)	**bofbal**	[bofbal]
joueur (m) de base-ball	**bofbalspeler**	[bofbal·spelər]
football (m)	**sokker**	[sokkər]
joueur (m) de football	**sokkerspeler**	[sokkər·spelər]
gardien (m) de but	**doelwagter**	[dul·waχtər]
hockey (m)	**hokkie**	[hokki]
hockeyeur (m)	**hokkiespeler**	[hokki·spelər]
volley-ball (m)	**vlugbal**	[fluχbal]
joueur (m) de volley-ball	**vlugbalspeler**	[fluχbal·spelər]
boxe (f)	**boks**	[boks]
boxeur (m)	**bokser**	[boksər]
lutte (f)	**stoei**	[stui]
lutteur (m)	**stoeier**	[stujer]
karaté (m)	**karate**	[karatə]
karatéka (m)	**karatevegter**	[karatə·feχtər]
judo (m)	**judo**	[judo]
judoka (m)	**judoka**	[judoka]
tennis (m)	**tennis**	[tɛnnis]
joueur (m) de tennis	**tennisspeler**	[tɛnnis·spelər]
natation (f)	**swem**	[swem]
nageur (m)	**swemmer**	[swemmər]
escrime (f)	**skerm**	[skerm]
escrimeur (m)	**skermer**	[skermər]
échecs (m pl)	**skaak**	[skāk]
joueur (m) d'échecs	**skaakspeler**	[skāk·spelər]
alpinisme (m)	**alpinisme**	[alpinismə]
alpiniste (m)	**alpinis**	[alpinis]
course (f)	**hardloop**	[hardloəp]

coureur (m)	**hardloper**	[hardlopər]
athlétisme (m)	**atletiek**	[atletik]
athlète (m)	**atleet**	[atleət]
équitation (f)	**perdry**	[perdraj]
cavalier (m)	**ruiter**	[rœitər]
patinage (m) artistique	**kunsskaats**	[kuns·skāts]
patineur (m)	**kunsskaatser**	[kuns·skātsər]
patineuse (f)	**kunsskaatser**	[kuns·skātsər]
haltérophilie (f)	**gewigoptel**	[χeviχ·optəl]
haltérophile (m)	**gewigopteller**	[χeviχ·optɛllər]
course (f) automobile	**motorwedren**	[motor·wedrən]
pilote (m)	**renjaer**	[renjaər]
cyclisme (m)	**fiets**	[fits]
cycliste (m)	**fietser**	[fitsər]
sauts (m pl) en longueur	**verspring**	[fer·spriŋ]
sauts (m pl) à la perche	**polsstokspring**	[polsstok·spriŋ]
sauteur (m)	**springer**	[spriŋər]

114. Les types de sports. Divers

football (m) américain	**sokker**	[sokkər]
badminton (m)	**pluimbal**	[plœimbal]
biathlon (m)	**tweekamp**	[tweəkamp]
billard (m)	**biljart**	[biljart]
bobsleigh (m)	**bobslee**	[bobsleə]
bodybuilding (m)	**liggaamsbou**	[liχχāmsbæʊ]
water-polo (m)	**waterpolo**	[vatər·polo]
handball (m)	**handbal**	[handbal]
golf (m)	**gholf**	[golf]
aviron (m)	**roei**	[rui]
plongée (f)	**duik**	[dœik]
course (f) à skis	**veldski**	[fɛlt·ski]
tennis (m) de table	**tafeltennis**	[tafel·tɛnnis]
voile (f)	**seil**	[sæjl]
rallye (m)	**tydren jaag**	[tajdren jāχ]
rugby (m)	**rugby**	[ragbi]
snowboard (m)	**sneeuplankry**	[sniʊ·plankraj]
tir (m) à l'arc	**boogskiet**	[boəχ·skit]

115. La salle de sport

barre (f) à disques	**staafgewig**	[stāf·χevəχ]
haltères (m pl)	**handgewigte**	[hand·χeviχtə]

appareil (m) d'entraînement	**oefenmasjien**	[ufen·maʃin]
vélo (m) d'exercice	**oefenfiets**	[ufen·fits]
tapis (m) roulant	**trapmeul**	[trapmøəl]
barre (f) fixe	**rekstok**	[rekstok]
barres (pl) parallèles	**brug**	[bruχ]
cheval (m) d'Arçons	**springperd**	[spriŋ·pert]
tapis (m) gymnastique	**oefenmat**	[ufen·mat]
corde (f) à sauter	**springtou**	[spriŋ·tæʊ]
aérobic (m)	**aërobiese oefeninge**	[aɛrobisə ufeniŋə]
yoga (m)	**joga**	[joga]

116. Le sport. Divers

Jeux (m pl) olympiques	**Olimpiese Spele**	[olimpisə spelə]
gagnant (m)	**oorwinnaar**	[oərwinnār]
remporter (vt)	**wen**	[ven]
gagner (vi)	**wen**	[ven]
leader (m)	**leier**	[læjer]
prendre la tête	**lei**	[læj]
première place (f)	**eerste plek**	[eərstə plek]
deuxième place (f)	**tweede plek**	[tweədə plek]
troisième place (f)	**derde plek**	[derdə plek]
médaille (f)	**medalje**	[medalje]
trophée (m)	**trofee**	[trofeə]
coupe (f) (trophée)	**beker**	[bekər]
prix (m)	**prys**	[prajs]
prix (m) principal	**hoofprys**	[hoəf·prajs]
record (m)	**rekord**	[rekort]
finale (f)	**finale**	[finalə]
final (adj)	**finale**	[finalə]
champion (m)	**kampioen**	[kampiun]
championnat (m)	**kampioenskap**	[kampiunskap]
stade (m)	**stadion**	[stadion]
tribune (f)	**tribune**	[tribunə]
supporteur (m)	**ondersteuner**	[ondərstøənər]
adversaire (m)	**teëstander**	[teɛstandər]
départ (m)	**wegspringplek**	[veχspriŋ·plek]
ligne (f) d'arrivée	**eindstreep**	[æjnd·streəp]
défaite (f)	**nederlaag**	[nedərlāχ]
perdre (vi)	**verloor**	[ferloər]
arbitre (m)	**skeidsregter**	[skæjds·reχtər]
jury (m)	**beoordelaars**	[be·oərdelārs]
score (m)	**stand**	[stant]

match (m) nul	**gelykspel**	[χelajkspəl]
faire match nul	**gelykop speel**	[χelajkop speəl]
point (m)	**punt**	[punt]
résultat (m)	**puntestand**	[puntəstant]
période (f)	**periode**	[periodə]
mi-temps (f) (pause)	**rustyd**	[rustajt]
dopage (m)	**opkikkers**	[opkikkərs]
pénaliser (vt)	**straf**	[straf]
disqualifier (vt)	**diskwalifiseer**	[diskwalifiseər]
agrès (m)	**apparaat**	[apparāt]
lance (f)	**spies**	[spis]
poids (m) (boule de métal)	**koeël**	[kuɛl]
bille (f) (de billard, etc.)	**bal**	[bal]
but (cible)	**doelwit**	[dulwit]
cible (~ en papier)	**teiken**	[tæjkən]
tirer (vi)	**skiet**	[skit]
précis (un tir ~)	**akkuraat**	[akkurāt]
entraîneur (m)	**breier**	[bræjer]
entraîner (vt)	**afrig**	[afrəχ]
s'entraîner (vp)	**oefen**	[ufen]
entraînement (m)	**oefen**	[ufen]
salle (f) de gym	**gimnastieksaal**	[χimnastik·sāl]
exercice (m)	**oefening**	[ufeniŋ]
échauffement (m)	**opwarm**	[opwarm]

L'éducation

117. L'éducation

école (f)	**skool**	[skoəl]
directeur (m) d'école	**prinsipaal**	[prinsipāl]
élève (m)	**leerder**	[leərdər]
élève (f)	**leerder**	[leərdər]
écolier (m)	**skoolseun**	[skoəl·søən]
écolière (f)	**skooldogter**	[skoəl·doχtər]
enseigner (vt)	**leer**	[leər]
apprendre (~ l'arabe)	**leer**	[leər]
apprendre par cœur	**van buite leer**	[fan bœitə leər]
apprendre (à faire qch)	**leer**	[leər]
être étudiant, -e	**op skool wees**	[op skoəl veəs]
aller à l'école	**skooltoe gaan**	[skoəltu χān]
alphabet (m)	**alfabet**	[alfabet]
matière (f)	**vak**	[fak]
salle (f) de classe	**klaskamer**	[klas·kamər]
leçon (f)	**les**	[les]
récréation (f)	**pouse**	[pæʊsə]
sonnerie (f)	**skoolbel**	[skoəl·bəl]
pupitre (m)	**skoolbank**	[skoəl·bank]
tableau (m) noir	**bord**	[bort]
note (f)	**simbool**	[simboəl]
bonne note (f)	**goeie punt**	[χuje punt]
mauvaise note (f)	**slegte punt**	[sleχtə punt]
faute (f)	**fout**	[fæʊt]
faire des fautes	**foute maak**	[fæʊtə māk]
corriger (une erreur)	**korrigeer**	[korriχeər]
antisèche (f)	**afskryfbriefie**	[afskrajf·brifi]
devoir (m)	**huiswerk**	[hœis·werk]
exercice (m)	**oefening**	[ufeniŋ]
être présent	**aanwesig wees**	[ānwesəχ veəs]
être absent	**afwesig wees**	[afwesəχ veəs]
manquer l'école	**stokkies draai**	[stokkis drāj]
punir (vt)	**straf**	[straf]
punition (f)	**straf**	[straf]
conduite (f)	**gedrag**	[χedraχ]

carnet (m) de notes	**rapport**	[rapport]
crayon (m)	**potlood**	[potloət]
gomme (f)	**uitveër**	[œitfeɛr]
craie (f)	**kryt**	[krajt]
plumier (m)	**potloodsakkie**	[potloət·sakki]
cartable (m)	**boekesak**	[bukə·sak]
stylo (m)	**pen**	[pen]
cahier (m)	**skryfboek**	[skrajf·buk]
manuel (m)	**handboek**	[hand·buk]
compas (m)	**passer**	[passər]
dessiner (~ un plan)	**tegniese tekeninge maak**	[teχnisə tekənikə māk]
dessin (m) technique	**tegniese tekening**	[teχnisə tekəniŋ]
poésie (f)	**gedig**	[χedəχ]
par cœur (adv)	**van buite**	[fan bœitə]
apprendre par cœur	**van buite leer**	[fan bœitə leər]
vacances (f pl)	**skoolvakansie**	[skoəl·fakaŋsi]
être en vacances	**met vakansie wees**	[met fakaŋsi veəs]
passer les vacances	**jou vakansie deurbring**	[jæʊ fakaŋsi døərbriŋ]
interrogation (f) écrite	**toets**	[tuts]
composition (f)	**opstel**	[opstəl]
dictée (f)	**diktee**	[dikteə]
examen (m)	**eksamen**	[ɛksamen]
expérience (f) (~ de chimie)	**eksperiment**	[ɛksperiment]

118. L'enseignement supérieur

académie (f)	**akademie**	[akademi]
université (f)	**universiteit**	[unifersitæjt]
faculté (f)	**fakulteit**	[fakultæjt]
étudiant (m)	**student**	[student]
étudiante (f)	**student**	[student]
enseignant (m)	**lektor**	[lektor]
salle (f)	**lesingsaal**	[lesiŋ·sāl]
licencié (m)	**gegradueerde**	[χeχradueərdə]
diplôme (m)	**sertifikaat**	[sertifikāt]
thèse (f)	**proefskrif**	[prufskrif]
étude (f)	**navorsing**	[naforsiŋ]
laboratoire (m)	**laboratorium**	[laboratorium]
cours (m)	**lesing**	[lesiŋ]
camarade (m) de cours	**medestudent**	[medə·student]
bourse (f)	**beurs**	[bøərs]
grade (m) universitaire	**akademiese graad**	[akademisə χrāt]

119. Les disciplines scientifiques

mathématiques (f pl)	**wiskunde**	[viskundə]
algèbre (f)	**algebra**	[alχebra]
géométrie (f)	**meetkunde**	[meətkundə]
astronomie (f)	**astronomie**	[astronomi]
biologie (f)	**biologie**	[bioloχi]
géographie (f)	**geografie**	[χeoχrafi]
géologie (f)	**geologie**	[χeoloχi]
histoire (f)	**geskiedenis**	[χeskidenis]
médecine (f)	**geneeskunde**	[χeneəs·kundə]
pédagogie (f)	**pedagogie**	[pedaχoχi]
droit (m)	**regte**	[reχtə]
physique (f)	**fisika**	[fisika]
chimie (f)	**chemie**	[χemi]
philosophie (f)	**filosofie**	[filosofi]
psychologie (f)	**sielkunde**	[silkundə]

120. Le système d'écriture et l'orthographe

grammaire (f)	**grammatika**	[χrammatika]
vocabulaire (m)	**woordeskat**	[voərdeskat]
phonétique (f)	**fonetika**	[fonetika]
nom (m)	**selfstandige naamwoord**	[sɛlfstandiχə nāmwoərt]
adjectif (m)	**byvoeglike naamwoord**	[bajfuχlikə nāmvoərt]
verbe (m)	**werkwoord**	[verk·woərt]
adverbe (m)	**bijwoord**	[bij·woərt]
pronom (m)	**voornaamwoord**	[foərnām·voərt]
interjection (f)	**tussenwerpsel**	[tussən·werpsəl]
préposition (f)	**voorsetsel**	[foərsetsəl]
racine (f)	**stam**	[stam]
terminaison (f)	**agtervoegsel**	[aχtər·fuχsəl]
préfixe (m)	**voorvoegsel**	[foər·fuχsəl]
syllabe (f)	**lettergreep**	[lɛttər·χreəp]
suffixe (m)	**agtervoegsel, suffiks**	[aχtər·fuχsəl], [suffiks]
accent (m) tonique	**klemteken**	[klem·tekən]
apostrophe (f)	**afkappingsteken**	[afkappiŋs·tekən]
point (m)	**punt**	[punt]
virgule (f)	**komma**	[komma]
point (m) virgule	**kommapunt**	[komma·punt]
deux-points (m)	**dubbelpunt**	[dubbəl·punt]
points (m pl) de suspension	**beletselteken**	[beletsəl·tekən]
point (m) d'interrogation	**vraagteken**	[frāχ·tekən]
point (m) d'exclamation	**uitroepteken**	[œitrup·tekən]

guillemets (m pl)	**aanhalingstekens**	[ānhaliŋs·tekəŋs]
entre guillemets	**tussen aanhalingstekens**	[tussən ānhaliŋs·tekəŋs]
parenthèses (f pl)	**hakies**	[hakis]
entre parenthèses	**tussen hakies**	[tussən hakis]
trait (m) d'union	**koppelteken**	[koppəl·tekən]
tiret (m)	**strepie**	[strepi]
blanc (m)	**spasie**	[spasi]
lettre (f)	**letter**	[lɛttər]
majuscule (f)	**hoofletter**	[hoəf·lɛttər]
voyelle (f)	**klinker**	[klinkər]
consonne (f)	**konsonant**	[kɔŋsonant]
proposition (f)	**sin**	[sin]
sujet (m)	**onderwerp**	[ondərwerp]
prédicat (m)	**predikaat**	[predikāt]
ligne (f)	**reël**	[reɛl]
paragraphe (m)	**paragraaf**	[paraχrāf]
mot (m)	**woord**	[voərt]
groupe (m) de mots	**woordgroep**	[voərt·χrup]
expression (f)	**uitdrukking**	[œitdrukkiŋ]
synonyme (m)	**sinoniem**	[sinonim]
antonyme (m)	**antoniem**	[antonim]
règle (f)	**reël**	[reɛl]
exception (f)	**uitsondering**	[œitsondəriŋ]
correct (adj)	**korrek**	[korrek]
conjugaison (f)	**vervoeging**	[ferfuχiŋ]
déclinaison (f)	**verbuiging**	[ferbœəχiŋ]
cas (m)	**naamval**	[nāmfal]
question (f)	**vraag**	[frāχ]
souligner (vt)	**onderstreep**	[ondərstreəp]
pointillé (m)	**stippellyn**	[stippəl·lajn]

121. Les langues étrangères

langue (f)	**taal**	[tāl]
étranger (adj)	**vreemd**	[freəmt]
langue (f) étrangère	**vreemde taal**	[freəmdə tāl]
étudier (vt)	**studeer**	[studeər]
apprendre (~ l'arabe)	**leer**	[leər]
lire (vi, vt)	**lees**	[leəs]
parler (vi, vt)	**praat**	[prāt]
comprendre (vt)	**verstaan**	[ferstān]
écrire (vt)	**skryf**	[skrajf]
vite (adv)	**vinnig**	[finnəχ]
lentement (adv)	**stadig**	[stadəχ]

couramment (adv)	**vlot**	[flot]
règles (f pl)	**reëls**	[reɛls]
grammaire (f)	**grammatika**	[χrammatika]
vocabulaire (m)	**woordeskat**	[voərdeskat]
phonétique (f)	**fonetika**	[fonetika]
manuel (m)	**handboek**	[hand·buk]
dictionnaire (m)	**woordeboek**	[voərdə·buk]
manuel (m) autodidacte	**selfstudie boek**	[sɛlfstudi buk]
guide (m) de conversation	**taalgids**	[tāl·χids]
cassette (f)	**kasset**	[kasset]
cassette (f) vidéo	**videoband**	[video·bant]
CD (m)	**CD**	[se·de]
DVD (m)	**DVD**	[de·fe·de]
alphabet (m)	**alfabet**	[alfabet]
épeler (vt)	**spel**	[spel]
prononciation (f)	**uitspraak**	[œitsprāk]
accent (m)	**aksent**	[aksent]
mot (m)	**woord**	[voərt]
sens (m)	**betekenis**	[betekənis]
cours (m pl)	**kursus**	[kursus]
s'inscrire (vp)	**inskryf**	[inskrajf]
professeur (m) (~ d'anglais)	**onderwyser**	[ondərwajsər]
traduction (f) (action)	**vertaling**	[fertaliŋ]
traduction (f) (texte)	**vertaling**	[fertaliŋ]
traducteur (m)	**vertaler**	[fertalər]
interprète (m)	**tolk**	[tolk]
polyglotte (m)	**poliglot**	[poliχlot]
mémoire (f)	**geheue**	[χəhøə]

122. Les personnages de contes de fées

Père Noël (m)	**Kersvader**	[kers·fadər]
Cendrillon (f)	**Assepoester**	[assepustər]
sirène (f)	**meermin**	[meərmin]
Neptune (m)	**Neptunus**	[noptunus]
magicien (m)	**towenaar**	[tovenār]
fée (f)	**feetjie**	[feəki]
magique (adj)	**magies**	[maχis]
baguette (f) magique	**towerstaf**	[tovər·staf]
conte (m) de fées	**sprokie**	[sproki]
miracle (m)	**wonderwerk**	[vondərwerk]
gnome (m)	**dwerg**	[dwerχ]
se transformer en ...	**verander in ...**	[ferandər in ...]
esprit (m) (revenant)	**gees**	[χeəs]
fantôme (m)	**spook**	[spoək]

monstre (m)	**monster**	[mɔŋstər]
dragon (m)	**draak**	[drāk]
géant (m)	**reus**	[røəs]

123. Les signes du zodiaque

Bélier (m)	**Ram**	[ram]
Taureau (m)	**Stier**	[stir]
Gémeaux (m pl)	**Tweelinge**	[tweəliŋə]
Cancer (m)	**Kreef**	[kreəf]
Lion (m)	**Leeu**	[liʊ]
Vierge (f)	**Maagd**	[māχt]
Balance (f)	**Weegskaal**	[veəχskāl]
Scorpion (m)	**Skerpioen**	[skerpiun]
Sagittaire (m)	**Boogskutter**	[boəχskuttər]
Capricorne (m)	**Steenbok**	[steənbok]
Verseau (m)	**Waterman**	[vatərman]
Poissons (m pl)	**Visse**	[fissə]
caractère (m)	**karakter**	[karaktər]
traits (m pl) du caractère	**karaktertrekke**	[karaktər·trɛkkə]
conduite (f)	**gedrag**	[χedraχ]
dire la bonne aventure	**waarsê**	[vārsɛ:]
diseuse (f) de bonne aventure	**waarsêer**	[vārsɛər]
horoscope (m)	**horoskoop**	[horoskoəp]

L'art

124. Le théâtre

théâtre (m)	**teater**	[teatər]
opéra (m)	**opera**	[opera]
opérette (f)	**operette**	[operɛttə]
ballet (m)	**ballet**	[ballet]
affiche (f)	**plakkaat**	[plakkāt]
troupe (f) de théâtre	**teatergeselskap**	[teatər·χesɛlskap]
tournée (f)	**toer**	[tur]
être en tournée	**op toer wees**	[op tur veəs]
répéter (vt)	**repeteer**	[repeteər]
répétition (f)	**repetisie**	[repetisi]
répertoire (m)	**repertoire**	[repertuarə]
représentation (f)	**voorstelling**	[foərstɛlliŋ]
spectacle (m)	**opvoering**	[opfuriŋ]
pièce (f) de théâtre	**toneelstuk**	[toneəl·stuk]
billet (m)	**kaartjie**	[kārki]
billetterie (f pl)	**loket**	[lokət]
hall (m)	**voorportaal**	[foər·portāl]
vestiaire (m)	**bewaarkamer**	[bevār·kamər]
jeton (m) de vestiaire	**bewaarkamerkaartjie**	[bevār·kamər·kārki]
jumelles (f pl)	**verkyker**	[ferkajkər]
placeur (m)	**plekaanwyser**	[plek·ānwajsər]
parterre (m)	**stalles**	[stalles]
balcon (m)	**balkon**	[balkon]
premier (m) balcon	**eerste balkon**	[eərstə balkon]
loge (f)	**losie**	[losi]
rang (m)	**ry**	[raj]
place (f)	**sitplek**	[sitplek]
public (m)	**gehoor**	[χehoər]
spectateur (m)	**toehoorders**	[tuhoorders]
applaudir (vi)	**klap**	[klap]
applaudissements (m pl)	**applous**	[applæʊs]
ovation (f)	**toejuiging**	[tujœəχiŋ]
scène (f) (monter sur ~)	**verhoog**	[ferhoəχ]
rideau (m)	**gordyn**	[χordajn]
décor (m)	**dekor**	[dekor]
coulisses (f pl)	**agter die verhoog**	[aχtər di ferhoəχ]
scène (f) (la dernière ~)	**toneel**	[toneəl]
acte (m)	**bedryf**	[bedrajf]
entracte (m)	**pouse**	[pæʊsə]

125. Le cinéma

acteur (m)	**akteur**	[aktøər]
actrice (f)	**aktrise**	[aktrisə]
cinéma (m) (industrie)	**filmbedryf**	[film·bedrajf]
film (m)	**fliek**	[flik]
épisode (m)	**episode**	[ɛpisodə]
film (m) policier	**speurfliek**	[spøər·flik]
film (m) d'action	**aksiefliek**	[aksi·flik]
film (m) d'aventures	**avontuurfliek**	[afontɪr·flik]
film (m) de science-fiction	**wetenskapfiksiefilm**	[vetɛŋskapfiksi·film]
film (m) d'horreur	**gruwelfliek**	[χruvɛl·flik]
comédie (f)	**komedie**	[komedi]
mélodrame (m)	**melodrama**	[melodrama]
drame (m)	**drama**	[drama]
film (m) de fiction	**rolprent**	[rolprent]
documentaire (m)	**dokumentêre rolprent**	[dokumentɛrə rolprent]
dessin (m) animé	**tekenfilm**	[tekən·film]
cinéma (m) muet	**stilprent**	[stil·prent]
rôle (m)	**rol**	[rol]
rôle (m) principal	**hoofrol**	[hoəf·rol]
jouer (vt)	**speel**	[speəl]
vedette (f)	**filmster**	[film·stər]
connu (adj)	**bekend**	[bekent]
célèbre (adj)	**beroemd**	[berumt]
populaire (adj)	**gewild**	[χevilt]
scénario (m)	**draaiboek**	[drājbuk]
scénariste (m)	**draaiboekskrywer**	[drājbuk·skrajvər]
metteur (m) en scène	**filmregisseur**	[film·reχissøər]
producteur (m)	**produsent**	[produsent]
assistant (m)	**assistent**	[assistent]
opérateur (m)	**kameraman**	[kameraman]
cascadeur (m)	**waaghals**	[vāχhals]
doublure (f)	**dubbel**	[dubbəl]
audition (f)	**filmtoets**	[film·tuts]
tournage (m)	**skiet**	[skit]
équipe (f) de tournage	**filmspan**	[film·span]
plateau (m) de tournage	**rolprentstel**	[rolprent·stəl]
caméra (f)	**kamera**	[kamera]
cinéma (m)	**bioskoop**	[bioskoəp]
écran (m)	**skerm**	[skerm]
piste (f) sonore	**klankbaan**	[klank·bān]
effets (m pl) spéciaux	**spesiale effekte**	[spesialə ɛffektə]
sous-titres (m pl)	**onderskrif**	[ondərskrif]
générique (m)	**erkenning**	[ɛrkɛnniŋ]
traduction (f)	**vertaling**	[fertaliŋ]

126. La peinture

art (m)	**kuns**	[kuns]
beaux-arts (m pl)	**skone kunste**	[skonə kunstə]
galerie (f) d'art	**kunsgalery**	[kuns·χaleraj]
exposition (f) d'art	**kunsuitstalling**	[kuns·œitstalliŋ]
peinture (f)	**skildery**	[skilderaj]
graphique (f)	**grafiese kuns**	[χrafisə kuns]
art (m) abstrait	**abstrakte kuns**	[abstraktə kuns]
impressionnisme (m)	**impressionisme**	[imprɛssionismə]
tableau (m)	**skildery**	[skilderaj]
dessin (m)	**tekening**	[tekəniŋ]
poster (m)	**plakkaat**	[plakkāt]
illustration (f)	**illustrasie**	[illustrasi]
miniature (f)	**miniatuur**	[miniatɪr]
copie (f)	**kopie**	[kopi]
reproduction (f)	**reproduksie**	[reproduksi]
mosaïque (f)	**mosaiek**	[mosajek]
vitrail (m)	**gebrandskilderde venster**	[χebrandskilderdə fɛŋstər]
fresque (f)	**fresko**	[fresko]
gravure (f)	**gravure**	[χrafurə]
buste (m)	**borsbeeld**	[borsbeəlt]
sculpture (f)	**beeldhouwerk**	[beəldhæʊverk]
statue (f)	**standbeeld**	[standbeəlt]
plâtre (m)	**gips**	[χips]
en plâtre	**gips-**	[χips-]
portrait (m)	**portret**	[portret]
autoportrait (m)	**selfportret**	[sɛlf·portret]
paysage (m)	**landskap**	[landskap]
nature (f) morte	**stillewe**	[stillevə]
caricature (f)	**karikatuur**	[karikatɪr]
croquis (m)	**skets**	[skets]
peinture (f)	**verf**	[ferf]
aquarelle (f)	**waterverf**	[vatər·ferf]
huile (f)	**olieverf**	[oli·ferf]
crayon (m)	**potlood**	[potloət]
encre (f) de Chine	**Indiese ink**	[indisə ink]
fusain (m)	**houtskool**	[hæʊts·koəl]
dessiner (vi, vt)	**teken**	[tekən]
peindre (vi, vt)	**skilder**	[skildər]
poser (vi)	**poseer**	[poseər]
modèle (m)	**naakmodel**	[nākmodəl]
modèle (f)	**naakmodel**	[nākmodəl]
peintre (m)	**kunstenaar**	[kunstenār]
œuvre (f) d'art	**kunswerk**	[kuns·werk]

chef (m) d'œuvre	**meesterstuk**	[meəstər·stuk]
atelier (m) d'artiste	**studio**	[studio]
toile (f)	**doek**	[duk]
chevalet (m)	**skildersesel**	[skilders·esəl]
palette (f)	**palet**	[palet]
encadrement (m)	**raam**	[rām]
restauration (f)	**restourasie**	[restæʊrasi]
restaurer (vt)	**restoureer**	[restæʊreər]

127. La littérature et la poésie

littérature (f)	**literatuur**	[literatɪr]
auteur (m) (écrivain)	**skrywer**	[skrajvər]
pseudonyme (m)	**skuilnaam**	[skœil·nām]
livre (m)	**boek**	[buk]
volume (m)	**deel**	[deəl]
table (f) des matières	**inhoudsopgawe**	[inhæʊds·opχavə]
page (f)	**bladsy**	[bladsaj]
protagoniste (m)	**hoofkarakter**	[hoəf·karaktər]
autographe (m)	**outograaf**	[æʊtoχrāf]
récit (m)	**kortverhaal**	[kort·ferhāl]
nouvelle (f)	**novelle**	[nofɛllə]
roman (m)	**roman**	[roman]
œuvre (f) littéraire	**werk**	[verk]
fable (f)	**fabel**	[fabəl]
roman (m) policier	**speurroman**	[spøər·roman]
vers (m)	**gedig**	[χedəχ]
poésie (f)	**digkuns**	[diχkuns]
poème (m)	**epos**	[ɛpos]
poète (m)	**digter**	[diχtər]
belles-lettres (f pl)	**fiksie**	[fiksi]
science-fiction (f)	**wetenskapsfiksie**	[vetɛŋskaps·fiksi]
aventures (f pl)	**avonture**	[afonturə]
littérature (f) didactique	**opvoedkundige literatuur**	[opfutkundiχə literatɪr]
littérature (f) pour enfants	**kinderliteratuur**	[kindər·literatɪr]

128. Le cirque

cirque (m)	**sirkus**	[sirkus]
chapiteau (m)	**rondreisende sirkus**	[rondræjsendə sirkus]
programme (m)	**program**	[proχram]
représentation (f)	**voorstelling**	[foərstɛlliŋ]
numéro (m)	**nommer**	[nommər]
arène (f)	**sirkusring**	[sirkus·riŋ]
pantomime (f)	**pantomime**	[pantomimə]

clown (m)	**hanswors**	[haŋswors]
acrobate (m)	**akrobaat**	[akrobāt]
acrobatie (f)	**akrobatiek**	[akrobatik]
gymnaste (m)	**gimnas**	[χimnas]
gymnastique (f)	**gimnastiek**	[χimnastik]
salto (m)	**salto**	[salto]
hercule (m)	**atleet**	[atleət]
dompteur (m)	**temmer**	[tɛmmər]
écuyer (m)	**ruiter**	[rœitər]
assistant (m)	**assistent**	[assistent]
truc (m)	**waaghalsige toertjie**	[vāχhalsiχə turki]
tour (m) de passe-passe	**goëltoertjie**	[χoɛl·turki]
magicien (m)	**goëlaar**	[χoɛlār]
jongleur (m)	**jongleur**	[jonχløər]
jongler (vi)	**jongleer**	[jonχleər]
dresseur (m)	**dresseerder**	[drɛsseər·dər]
dressage (m)	**dressering**	[drɛsseriŋ]
dresser (vt)	**afrig**	[afrəχ]

129. La musique

musique (f)	**musiek**	[musik]
musicien (m)	**musikant**	[musikant]
instrument (m) de musique	**musiekinstrument**	[musik·instrument]
jouer de ...	**speel ...**	[speəl ...]
guitare (f)	**kitaar**	[kitār]
violon (m)	**viool**	[fioəl]
violoncelle (m)	**tjello**	[ʧello]
contrebasse (f)	**kontrabas**	[kontrabas]
harpe (f)	**harp**	[harp]
piano (m)	**piano**	[piano]
piano (m) à queue	**vleuelklavier**	[fløɛl·klafir]
orgue (m)	**orrel**	[orrəl]
instruments (m pl) à vent	**blaasinstrumente**	[blās·instrumentə]
hautbois (m)	**hobo**	[hobo]
saxophone (m)	**saksofoon**	[saksofoən]
clarinette (f)	**klarinet**	[klarinet]
flûte (f)	**dwarsfluit**	[dwars·flœit]
trompette (f)	**trompet**	[trompet]
accordéon (m)	**trekklavier**	[trɛkklafir]
tambour (m)	**trommel**	[trommәl]
duo (m)	**duet**	[duet]
trio (m)	**trio**	[trio]
quartette (m)	**kwartet**	[kwartet]
chœur (m)	**koor**	[koər]
orchestre (m)	**orkes**	[orkes]

musique (f) pop	**popmusiek**	[pop·musik]
musique (f) rock	**rockmusiek**	[rok·musik]
groupe (m) de rock	**rockgroep**	[rok·χrup]
jazz (m)	**jazz**	[jazz]
idole (f)	**held**	[hɛlt]
admirateur (m)	**bewonderaar**	[bevondərār]
concert (m)	**konsert**	[kɔŋsert]
symphonie (f)	**simfonie**	[simfoni]
œuvre (f) musicale	**komposisie**	[komposisi]
composer (vt)	**komponeer**	[komponeər]
chant (m) (~ d'oiseau)	**sang**	[saŋ]
chanson (f)	**lied**	[lit]
mélodie (f)	**wysie**	[vajsi]
rythme (m)	**ritme**	[ritmə]
blues (m)	**blues**	[blues]
notes (f pl)	**bladmusiek**	[blad·musik]
baguette (f)	**dirigeerstok**	[diriχeər·stok]
archet (m)	**strykstok**	[strajk·stok]
corde (f)	**snaar**	[snār]
étui (m)	**houer**	[hæʊər]

Les loisirs. Les voyages

130. Les voyages. Les excursions

tourisme (m)	**toerisme**	[turismə]
touriste (m)	**toeris**	[turis]
voyage (m) (à l'étranger)	**reis**	[ræjs]
aventure (f)	**avontuur**	[afontɪr]
voyage (m)	**reis**	[ræjs]
vacances (f pl)	**vakansie**	[fakaŋsi]
être en vacances	**met vakansie wees**	[met fakaŋsi veəs]
repos (m) (jours de ~)	**rus**	[rus]
train (m)	**trein**	[træjn]
en train	**per trein**	[pər træjn]
avion (m)	**vliegtuig**	[fliχtœiχ]
en avion	**per vliegtuig**	[pər fliχtœiχ]
en voiture	**per motor**	[pər motor]
en bateau	**per skip**	[pər skip]
bagage (m)	**bagasie**	[baχasi]
malle (f)	**tas**	[tas]
chariot (m)	**bagasiekarretjie**	[baχasi·karrəki]
passeport (m)	**paspoort**	[paspoərt]
visa (m)	**visum**	[fisum]
ticket (m)	**kaartjie**	[kārki]
billet (m) d'avion	**lugkaartjie**	[luχ·kārki]
guide (m) (livre)	**reisgids**	[ræjsχids]
carte (f)	**kaart**	[kārt]
région (f) (~ rurale)	**gebied**	[χebit]
endroit (m)	**plek**	[plek]
exotisme (m)	**eksotiese dinge**	[ɛksotisə diŋə]
exotique (adj)	**eksoties**	[ɛksotis]
étonnant (adj)	**verbasend**	[ferbasent]
groupe (m)	**groep**	[χrup]
excursion (f)	**uitstappie**	[œitstappi]
guide (m) (personne)	**gids**	[χids]

131. L'hôtel

hôtel (m)	**hotel**	[hotəl]
motel (m)	**motel**	[motəl]
3 étoiles	**drie-ster**	[dri-stər]

5 étoiles	**vyf-ster**	[fajf-stər]
descendre (à l'hôtel)	**oornag**	[oərnaχ]
chambre (f)	**kamer**	[kamər]
chambre (f) simple	**enkelkamer**	[ɛnkəl·kamər]
chambre (f) double	**dubbelkamer**	[dubbəl·kamər]
demi-pension (f)	**met aandete, bed en ontbyt**	[met āndetə], [bet en ontbajt]
pension (f) complète	**volle losies**	[follə losis]
avec une salle de bain	**met bad**	[met bat]
avec une douche	**met stortbad**	[met stort·bat]
télévision (f) par satellite	**satelliet-TV**	[satɛllit-te·fe]
climatiseur (m)	**lugversorger**	[luχfersorχər]
serviette (f)	**handdoek**	[handduk]
clé (f)	**sleutel**	[sløətəl]
administrateur (m)	**bestuurder**	[bestɪrdər]
femme (f) de chambre	**kamermeisie**	[kamər·mæjsi]
porteur (m)	**hoteljoggie**	[hotəl·joχi]
portier (m)	**portier**	[portir]
restaurant (m)	**restaurant**	[restɔurant]
bar (m)	**kroeg**	[kruχ]
petit déjeuner (m)	**ontbyt**	[ontbajt]
dîner (m)	**aandete**	[āndetə]
buffet (m)	**buffetete**	[buffetetə]
hall (m)	**voorportaal**	[foər·portāl]
ascenseur (m)	**hysbak**	[hajsbak]
PRIÈRE DE NE PAS DÉRANGER	**MOENIE STEUR NIE**	[muni støər ni]
DÉFENSE DE FUMER	**ROOK VERBODE**	[roək ferbodə]

132. Le livre. La lecture

livre (m)	**boek**	[buk]
auteur (m)	**outeur**	[æʊtøər]
écrivain (m)	**skrywer**	[skrajvər]
écrire (~ un livre)	**skryf**	[skrajf]
lecteur (m)	**leser**	[lesər]
lire (vi, vt)	**lees**	[leəs]
lecture (f)	**lees**	[leəs]
à part soi	**stil**	[stil]
à haute voix	**hardop**	[hardop]
éditer (vt)	**uitgee**	[œitχeə]
édition (f) (~ des livres)	**uitgee**	[œitχeə]
éditeur (m)	**uitgewer**	[œitχevər]
maison (f) d'édition	**uitgewery**	[œitχevəraj]
paraître (livre)	**verskyn**	[ferskajn]

sortie (f) (~ d'un livre)	**verskyn**	[ferskajn]
tirage (m)	**oplaag**	[oplāχ]
librairie (f)	**boekhandel**	[buk·handəl]
bibliothèque (f)	**biblioteek**	[biblioteək]
nouvelle (f)	**novelle**	[nofɛllə]
récit (m)	**kortverhaal**	[kort·ferhāl]
roman (m)	**roman**	[roman]
roman (m) policier	**speurroman**	[spøər·roman]
mémoires (m pl)	**memoires**	[memuares]
légende (f)	**legende**	[leχendə]
mythe (m)	**mite**	[mitə]
vers (m pl)	**poësie**	[poɛsi]
autobiographie (f)	**outobiografie**	[æʊtobioχrafi]
les œuvres choisies	**bloemlesing**	[blumlesiŋ]
science-fiction (f)	**wetenskapsfiksie**	[vetɛŋskaps·fiksi]
titre (m)	**titel**	[titel]
introduction (f)	**inleiding**	[inlæjdiŋ]
page (f) de titre	**titelblad**	[titel·blat]
chapitre (m)	**hoofstuk**	[hoəfstuk]
extrait (m)	**fragment**	[fraχment]
épisode (m)	**episode**	[ɛpisodə]
sujet (m)	**plot**	[plot]
sommaire (m)	**inhoud**	[inhæʊt]
table (f) des matières	**inhoudsopgawe**	[inhæʊds·opχavə]
protagoniste (m)	**hoofkarakter**	[hoəf·karaktər]
volume (m)	**deel**	[deəl]
couverture (f)	**omslag**	[omslaχ]
reliure (f)	**band**	[bant]
marque-page (m)	**bladwyser**	[blat·vajsər]
page (f)	**bladsy**	[bladsaj]
feuilleter (vt)	**deurblaai**	[døərblāi]
marges (f pl)	**marges**	[marχəs]
annotation (f)	**annotasie**	[annotasi]
note (f) de bas de page	**voetnota**	[fut·nota]
texte (m)	**teks**	[teks]
police (f)	**lettertipe**	[lɛttər·tipə]
faute (f) d'impression	**drukfout**	[druk·fæʊt]
traduction (f)	**vertaling**	[fertaliŋ]
traduire (vt)	**vertaal**	[fertāl]
original (m)	**oorspronklike**	[oərspronklikə]
célèbre (adj)	**beroemd**	[berumt]
inconnu (adj)	**onbekend**	[onbekent]
intéressant (adj)	**interessante**	[interessantə]
best-seller (m)	**blitsverkoper**	[blits·ferkopər]

dictionnaire (m)	**woordeboek**	[voərdə·buk]
manuel (m)	**handboek**	[hand·buk]
encyclopédie (f)	**ensiklopedie**	[ɛŋsiklopedi]

133. La chasse. La pêche

chasse (f)	**jag**	[jaχ]
chasser (vi, vt)	**jag**	[jaχ]
chasseur (m)	**jagter**	[jaχtər]
tirer (vi)	**skiet**	[skit]
fusil (m)	**geweer**	[χeveər]
cartouche (f)	**patroon**	[patroən]
grains (m pl) de plomb	**hael**	[haəl]
piège (m) à mâchoires	**slagyster**	[slaχ·ajstər]
piège (m)	**valstrik**	[falstrik]
être pris dans un piège	**in die valstrik trap**	[in di falstrik trap]
mettre un piège	**n valstrik lê**	[ə falstrik lɛ:]
braconnier (m)	**wildstroper**	[vilt·stropər]
gibier (m)	**wild**	[vilt]
chien (m) de chasse	**jaghond**	[jaχ·hont]
safari (m)	**safari**	[safari]
animal (m) empaillé	**opgestopte dier**	[opχestoptə dir]
pêcheur (m)	**visterman**	[fisterman]
pêche (f)	**vis vang**	[fis faŋ]
pêcher (vi)	**vis vang**	[fis faŋ]
canne (f) à pêche	**visstok**	[fis·stok]
ligne (f) de pêche	**vislyn**	[fis·lajn]
hameçon (m)	**vishoek**	[fis·huk]
flotteur (m)	**vlotter**	[flottər]
amorce (f)	**aas**	[ās]
lancer la ligne	**lyngooi**	[lajnχoj]
mordre (vt)	**byt**	[bajt]
pêche (f) (poisson capturé)	**vang**	[faŋ]
trou (m) dans la glace	**gat in die ys**	[χat in di ajs]
filet (m)	**visnet**	[fis·net]
barque (f)	**boot**	[boət]
jeter un filet	**die net gooi**	[di net χoj]
retirer le filet	**die net intrek**	[di net intrek]
tomber dans le filet	**in die net val**	[in di net fal]
baleinier (m)	**walvisvanger**	[valfis·vaŋər]
baleinière (f)	**walvisboot**	[valfis·boət]
harpon (m)	**harpoen**	[harpun]

134. Les jeux. Le billard

billard (m)	**biljart**	[biljart]
salle (f) de billard	**biljartkamer**	[biljart·kamər]
bille (f) de billard	**bal**	[bal]
queue (f)	**biljartstok**	[biljart·stok]
poche (f)	**sakkie**	[sakki]

135. Les jeux de cartes

carreau (m)	**diamante**	[diamantə]
pique (m)	**skoppens**	[skoppɛns]
cœur (m)	**harte**	[hartə]
trèfle (m)	**klawers**	[klavərs]
as (m)	**aas**	[ās]
roi (m)	**koning**	[koniŋ]
dame (f)	**dame**	[damə]
valet (m)	**boer**	[bur]
carte (f)	**speelkaart**	[speəl·kārt]
jeu (m) de cartes	**kaarte**	[kārtə]
atout (m)	**troefkaart**	[truf·kārt]
paquet (m) de cartes	**pak kaarte**	[pak kārtə]
point (m)	**punt**	[punt]
distribuer (les cartes)	**uitdeel**	[œitdeəl]
battre les cartes	**skommel**	[skomməl]
tour (m) de jouer	**beurt**	[bøərt]
tricheur (m)	**valsspeler**	[fals·spelər]

136. Les loisirs. Les jeux

se promener (vp)	**wandel**	[vandəl]
promenade (f)	**wandeling**	[vandəliŋ]
promenade (f) (en voiture)	**motorrit**	[motor·rit]
aventure (f)	**avontuur**	[afontɪr]
pique-nique (m)	**piekniek**	[piknik]
jeu (m)	**spel**	[spel]
joueur (m)	**speler**	[spelər]
partie (f) (~ de cartes, etc.)	**spel**	[spel]
collectionneur (m)	**versamelaar**	[fersamelār]
collectionner (vt)	**versamel**	[fersaməl]
collection (f)	**versameling**	[fersameliŋ]
mots (m pl) croisés	**blokkiesraaisel**	[blokkis·rāisəl]
hippodrome (m)	**perderesiesbaan**	[perdə·resisbān]
discothèque (f)	**disko**	[disko]

sauna (m)	**sauna**	[sɔuna]
loterie (f)	**lotery**	[loteraj]
trekking (m)	**kampeeruitstappie**	[kampeər·ajtstappi]
camp (m)	**kamp**	[kamp]
tente (f)	**tent**	[tɛnt]
boussole (f)	**kompas**	[kompas]
campeur (m)	**kampeerder**	[kampeərdər]
regarder (la télé)	**kyk**	[kajk]
téléspectateur (m)	**kyker**	[kajkər]
émission (f) de télé	**TV-program**	[te·fe-proχram]

137. La photographie

appareil (m) photo	**kamera**	[kamera]
photo (f)	**foto**	[foto]
photographe (m)	**fotograaf**	[fotoχrāf]
studio (m) de photo	**fotostudio**	[foto·studio]
album (m) de photos	**fotoalbum**	[foto·album]
objectif (m)	**kameralens**	[kamera·lɛŋs]
téléobjectif (m)	**telefotolens**	[telefoto·lɛŋs]
filtre (m)	**filter**	[filtər]
lentille (f)	**lens**	[lɛŋs]
optique (f)	**optiek**	[optik]
diaphragme (m)	**diafragma**	[diafraχma]
temps (m) de pose	**beligtingstyd**	[beliχtiŋs·tajt]
viseur (m)	**soeker**	[sukər]
appareil (m) photo numérique	**digitale kamera**	[diχitalə kamera]
trépied (m)	**driepoot**	[dripoət]
flash (m)	**flits**	[flits]
photographier (vt)	**fotografeer**	[fotoχrafeər]
prendre en photo	**fotografeer**	[fotoχrafeər]
se faire prendre en photo	**jou portret laat maak**	[jæʊ portret lāt māk]
mise (f) au point	**fokus**	[fokus]
mettre au point	**fokus**	[fokus]
net (adj)	**skerp**	[skerp]
netteté (f)	**skerpheid**	[skerphæjt]
contraste (m)	**kontras**	[kontras]
contrasté (adj)	**kontrasryk**	[kontrasrajk]
épreuve (f)	**kiekie**	[kiki]
négatif (m)	**negatief**	[neχatif]
pellicule (f)	**rolfilm**	[rolfilm]
image (f)	**raampie**	[rāmpi]
tirer (des photos)	**druk**	[druk]

138. La plage. La baignade

plage (f)	**strand**	[strant]
sable (m)	**sand**	[sant]
désert (plage ~e)	**verlate**	[ferlatə]
bronzage (m)	**sonbruin kleur**	[sonbrœin kløər]
se bronzer (vp)	**bruinbrand**	[brœinbrant]
bronzé (adj)	**bruingebrand**	[brœiŋəbrant]
crème (f) solaire	**sonskermroom**	[sɔŋ·skerm·roəm]
bikini (m)	**bikini**	[bikini]
maillot (m) de bain	**baaikostuum**	[bāj·kostɪm]
slip (m) de bain	**baaibroek**	[bāj·bruk]
piscine (f)	**swembad**	[swem·bat]
nager (vi)	**swem**	[swem]
douche (f)	**stort**	[stort]
se changer (vp)	**verklee**	[ferkleə]
serviette (f)	**handdoek**	[handduk]
barque (f)	**boot**	[boət]
canot (m) à moteur	**motorboot**	[motor·boət]
ski (m) nautique	**waterski**	[vatər·ski]
pédalo (m)	**waterfiets**	[vatər·fits]
surf (m)	**branderplankry**	[brandərplank·raj]
surfeur (m)	**branderplankryer**	[brandərplank·rajer]
scaphandre (m) autonome	**duiklong**	[dœikloŋ]
palmes (f pl)	**paddavoet**	[padda·fut]
masque (m)	**duikmasker**	[dœik·maskər]
plongeur (m)	**duiker**	[dœikər]
plonger (vi)	**duik**	[dœik]
sous l'eau (adv)	**onder water**	[ondər vatər]
parasol (m)	**strandsambreel**	[strand·sambreəl]
chaise (f) longue	**strandstoel**	[strand·stul]
lunettes (f pl) de soleil	**sonbril**	[son·bril]
matelas (m) pneumatique	**opblaasmatras**	[opblās·matras]
jouer (s'amuser)	**speel**	[speəl]
se baigner (vp)	**gaan swem**	[χān swem]
ballon (m) de plage	**strandbal**	[strand·bal]
gonfler (vt)	**opblaas**	[opblās]
gonflable (adj)	**opblaas-**	[opblās-]
vague (f)	**golf**	[χolf]
bouée (f)	**boei**	[bui]
se noyer (vp)	**verdrink**	[fərdrink]
sauver (vt)	**red**	[ret]
gilet (m) de sauvetage	**reddingsbaadjie**	[rɛddiŋs·bādʒi]
observer (vt)	**dophou**	[dophæʊ]
maître nageur (m)	**lewensredder**	[levɛŋs·rɛddər]

LE MATÉRIEL TECHNIQUE. LES TRANSPORTS

Le matériel technique

139. L'informatique

ordinateur (m)	**rekenaar**	[rekənār]
PC (m) portable	**skootrekenaar**	[skoət·rekənār]
allumer (vt)	**aanskakel**	[āŋskakəl]
éteindre (vt)	**afskakel**	[afskakəl]
clavier (m)	**toetsbord**	[tuts·bort]
touche (f)	**toets**	[tuts]
souris (f)	**muis**	[mœis]
tapis (m) de souris	**muismatjie**	[mœis·maki]
bouton (m)	**knop**	[knop]
curseur (m)	**loper**	[lopər]
moniteur (m)	**monitor**	[monitor]
écran (m)	**skerm**	[skerm]
disque (m) dur	**harde skyf**	[hardə skajf]
capacité (f) du disque dur	**harde skyf se vermoë**	[hardə skajf sə fermoɛ]
mémoire (f)	**geheue**	[χəhøə]
mémoire (f) vive	**RAM-geheue**	[ram-χehøəə]
fichier (m)	**lêer**	[lɛər]
dossier (m)	**gids**	[χids]
ouvrir (vt)	**oopmaak**	[oəpmāk]
fermer (vt)	**sluit**	[slœit]
sauvegarder (vt)	**bewaar**	[bevār]
supprimer (vt)	**uitvee**	[œitfeə]
copier (vt)	**kopieer**	[kopir]
trier (vt)	**sorteer**	[sorteər]
copier (vt)	**oorplaas**	[oərplās]
programme (m)	**program**	[proχram]
logiciel (m)	**sagteware**	[saχtevarə]
programmeur (m)	**programmeur**	[proχrammøər]
programmer (vt)	**programmeer**	[proχrammeər]
hacker (m)	**kuberkraker**	[kubər·krakər]
mot (m) de passe	**wagwoord**	[vaχ·woərt]
virus (m)	**virus**	[firus]
découvrir (détecter)	**opspoor**	[opspoər]
bit (m)	**greep**	[χreəp]

mégabit (m)	**megagreep**	[meχaχreəp]
données (f pl)	**data**	[data]
base (f) de données	**databasis**	[data·basis]
câble (m)	**kabel**	[kabəl]
déconnecter (vt)	**ontkoppel**	[ontkoppəl]
connecter (vt)	**konnekteer**	[konnekteər]

140. L'Internet. Le courrier électronique

Internet (m)	**internet**	[internet]
navigateur (m)	**webblaaier**	[veb·blājer]
moteur (m) de recherche	**soekenjin**	[suk·ɛndʒin]
fournisseur (m) d'accès	**verskaffer**	[ferskaffər]
administrateur (m) de site	**webmeester**	[veb·meəstər]
site (m) web	**webwerf**	[veb·werf]
page (f) web	**webblad**	[veb·blat]
adresse (f)	**adres**	[adres]
carnet (m) d'adresses	**adresboek**	[adres·buk]
boîte (f) de réception	**posbus**	[pos·bus]
courrier (m)	**pos**	[pos]
pleine (adj)	**vol**	[fol]
message (m)	**boodskap**	[boədskap]
messages (pl) entrants	**inkomende boodskappe**	[inkomendə boədskappə]
messages (pl) sortants	**uitgaande boodskappe**	[œitχāndə boədskappə]
expéditeur (m)	**sender**	[sendər]
envoyer (vt)	**verstuur**	[ferstɪr]
envoi (m)	**versending**	[fersendiŋ]
destinataire (m)	**ontvanger**	[ontfaŋər]
recevoir (vt)	**ontvang**	[ontfaŋ]
correspondance (f)	**korrespondensie**	[korrespondɛŋsi]
être en correspondance	**korrespondeer**	[korrespondeər]
fichier (m)	**lêer**	[lɛər]
télécharger (vt)	**aflaai**	[aflāi]
créer (vt)	**skep**	[skep]
supprimer (vt)	**uitvee**	[œitfeə]
supprimé (adj)	**uitgevee**	[œitχefeə]
connexion (f) (ADSL, etc.)	**konneksie**	[konneksi]
vitesse (f)	**spoed**	[sput]
modem (m)	**modem**	[modem]
accès (m)	**toegang**	[tuχaŋ]
port (m)	**portaal**	[portāl]
connexion (f) (établir la ~)	**aansluiting**	[āŋslœitiŋ]
se connecter à ...	**aansluit by ...**	[āŋslœit baj ...]

sélectionner (vt)	**kies**	[kis]
rechercher (vt)	**soek**	[suk]

Les transports

141. L'avion

avion (m)	**vliegtuig**	[fliχtœiχ]
billet (m) d'avion	**lugkaartjie**	[luχ·kārki]
compagnie (f) aérienne	**lugredery**	[luχrederaj]
aéroport (m)	**lughawe**	[luχhavə]
supersonique (adj)	**supersonies**	[supersonis]
commandant (m) de bord	**kaptein**	[kaptæjn]
équipage (m)	**bemanning**	[bemanniŋ]
pilote (m)	**piloot**	[piloət]
hôtesse (f) de l'air	**lugwaardin**	[luχ·wārdin]
navigateur (m)	**navigator**	[nafiχator]
ailes (f pl)	**vlerke**	[flerkə]
queue (f)	**stert**	[stert]
cabine (f)	**stuurkajuit**	[stɪr·kajœit]
moteur (m)	**enjin**	[ɛndʒin]
train (m) d'atterrissage	**landingstel**	[landiŋ·stəl]
turbine (f)	**turbine**	[turbinə]
hélice (f)	**skroef**	[skruf]
boîte (f) noire	**swart boks**	[swart boks]
gouvernail (m)	**stuurstang**	[stɪr·staŋ]
carburant (m)	**brandstof**	[brantstof]
consigne (f) de sécurité	**veiligheidskaart**	[fæjliχæjts·kārt]
masque (m) à oxygène	**suurstofmasker**	[sɪrstof·maskər]
uniforme (m)	**uniform**	[uniform]
gilet (m) de sauvetage	**reddingsbaadjie**	[rɛddiŋs·bādʒi]
parachute (m)	**valskerm**	[fal·skerm]
décollage (m)	**opstyging**	[opstajχiŋ]
décoller (vi)	**opstyg**	[opstajχ]
piste (f) de décollage	**landingsbaan**	[landiŋs·bān]
visibilité (f)	**uitsig**	[œitsəχ]
vol (m) (~ d'oiseau)	**vlug**	[fluχ]
altitude (f)	**hoogte**	[hoəχtə]
trou (m) d'air	**lugsak**	[luχsak]
place (f)	**sitplek**	[sitplek]
écouteurs (m pl)	**koptelefoon**	[kop·telefoən]
tablette (f)	**voutafeltjie**	[fæʊ·tafɛlki]
hublot (m)	**vliegtuigvenster**	[fliχtœiχ·fɛŋstər]
couloir (m)	**paadjie**	[pādʒi]

142. Le train

train (m)	**trein**	[træjn]
train (m) de banlieue	**voorstedelike trein**	[foərstedelikə træjn]
TGV (m)	**sneltrein**	[snɛl·træjn]
locomotive (f) diesel	**diesellokomotief**	[disəl·lokomotif]
locomotive (f) à vapeur	**stoomlokomotief**	[stoəm·lokomotif]
wagon (m)	**passasierswa**	[passasirs·wa]
wagon-restaurant (m)	**eetwa**	[eət·wa]
rails (m pl)	**spoorstawe**	[spoər·stavə]
chemin (m) de fer	**spoorweg**	[spoər·weχ]
traverse (f)	**dwarslêer**	[dwarslɛər]
quai (m)	**perron**	[perron]
voie (f)	**spoor**	[spoər]
sémaphore (m)	**semafoor**	[semafoər]
station (f)	**stasie**	[stasi]
conducteur (m) de train	**treindrywer**	[træjn·drajvər]
porteur (m)	**portier**	[portir]
steward (m)	**kondukteur**	[konduktøər]
passager (m)	**passasier**	[passasir]
contrôleur (m) de billets	**kondukteur**	[konduktøər]
couloir (m)	**gang**	[χaŋ]
frein (m) d'urgence	**noodrem**	[noədrem]
compartiment (m)	**kompartiment**	[kompartiment]
couchette (f)	**bed**	[bet]
couchette (f) d'en haut	**boonste bed**	[boəŋstə bet]
couchette (f) d'en bas	**onderste bed**	[ondərstə bet]
linge (m) de lit	**beddegoed**	[beddə·χut]
ticket (m)	**kaartjie**	[kārki]
horaire (m)	**diensrooster**	[diŋs·roəstər]
tableau (m) d'informations	**informasiebord**	[informasi·bort]
partir (vi)	**vertrek**	[fertrek]
départ (m) (du train)	**vertrek**	[fertrek]
arriver (le train)	**aankom**	[ānkom]
arrivée (f)	**aankoms**	[ānkoms]
arriver en train	**aankom per trein**	[ānkom pər træjn]
prendre le train	**in die trein klim**	[in di træjn klim]
descendre du train	**uit die trein klim**	[œit di træjn klim]
accident (m) ferroviaire	**treinbotsing**	[træjn·botsiŋ]
dérailler (vi)	**ontspoor**	[ontspoər]
locomotive (f) à vapeur	**stoomlokomotief**	[stoəm·lokomotif]
chauffeur (m)	**stoker**	[stokər]
chauffe (f)	**stookplek**	[stoəkplek]
charbon (m)	**steenkool**	[steən·koəl]

143. Le bateau

bateau (m)	**skip**	[skip]
navire (m)	**vaartuig**	[fārtœiχ]
bateau (m) à vapeur	**stoomboot**	[stoəm·boət]
paquebot (m)	**rivierboot**	[rifir·boət]
bateau (m) de croisière	**toerskip**	[tur·skip]
croiseur (m)	**kruiser**	[krœisər]
yacht (m)	**jag**	[jaχ]
remorqueur (m)	**sleepboot**	[sleəp·boət]
péniche (f)	**vragskuit**	[fraχ·skœit]
ferry (m)	**veerboot**	[feər·boət]
voilier (m)	**seilskip**	[sæjl·skip]
brigantin (m)	**skoenerbrik**	[skunər·brik]
brise-glace (m)	**ysbreker**	[ajs·brekər]
sous-marin (m)	**duikboot**	[dœik·boət]
canot (m) à rames	**roeiboot**	[ruiboət]
dinghy (m)	**bootjie**	[boəki]
canot (m) de sauvetage	**reddingsboot**	[rɛddiŋs·boət]
canot (m) à moteur	**motorboot**	[motor·boət]
capitaine (m)	**kaptein**	[kaptæjn]
matelot (m)	**seeman**	[seəman]
marin (m)	**matroos**	[matroəs]
équipage (m)	**bemanning**	[bemanniŋ]
maître (m) d'équipage	**bootsman**	[boətsman]
mousse (m)	**skeepsjonge**	[skeəps·joŋə]
cuisinier (m) du bord	**kok**	[kok]
médecin (m) de bord	**skeepsdokter**	[skeəps·doktər]
pont (m)	**dek**	[dek]
mât (m)	**mas**	[mas]
voile (f)	**seil**	[sæjl]
cale (f)	**skeepsruim**	[skeəps·rœim]
proue (f)	**boeg**	[buχ]
poupe (f)	**agterstewe**	[aχtorsteve]
rame (f)	**roeispaan**	[ruis·pān]
hélice (f)	**skroef**	[skruf]
cabine (f)	**kajuit**	[kajœit]
carré (m) des officiers	**offisierskajuit**	[offisirs·kajœit]
salle (f) des machines	**enjinkamer**	[ɛndʒin·kamər]
passerelle (f)	**brug**	[bruχ]
cabine (f) de T.S.F.	**radiokamer**	[radio·kamər]
onde (f)	**golf**	[χolf]
journal (m) de bord	**logboek**	[loχbuk]
longue-vue (f)	**verkyker**	[ferkajkər]
cloche (f)	**bel**	[bəl]

pavillon (m)	**vlag**	[flaχ]
grosse corde (f) tressée	**kabel**	[kabəl]
nœud (m) marin	**knoop**	[knoəp]
rampe (f)	**dekleuning**	[dek·løəniŋ]
passerelle (f)	**gangplank**	[χaŋ·plank]
ancre (f)	**anker**	[ankər]
lever l'ancre	**anker lig**	[ankər ləχ]
jeter l'ancre	**anker uitgooi**	[ankər œitχoj]
chaîne (f) d'ancrage	**ankerketting**	[ankər·kɛttiŋ]
port (m)	**hawe**	[havə]
embarcadère (m)	**kaai**	[kāi]
accoster (vi)	**vasmeer**	[fasmeər]
larguer les amarres	**vertrek**	[fertrek]
voyage (m) (à l'étranger)	**reis**	[ræjs]
croisière (f)	**cruise**	[kru:s]
cap (m) (suivre un ~)	**koers**	[kurs]
itinéraire (m)	**roete**	[rutə]
chenal (m)	**vaarwater**	[fâr·vatər]
bas-fond (m)	**sandbank**	[sand·bank]
échouer sur un bas-fond	**strand**	[strant]
tempête (f)	**storm**	[storm]
signal (m)	**sienjaal**	[sinjāl]
sombrer (vi)	**sink**	[sink]
Un homme à la mer!	**Man oorboord!**	[man oərboərd!]
SOS (m)	**SOS**	[sos]
bouée (f) de sauvetage	**reddingsboei**	[rɛddiŋs·bui]

144. L'aêroport

aéroport (m)	**lughawe**	[luχhavə]
avion (m)	**vliegtuig**	[fliχtœiχ]
compagnie (f) aérienne	**lugredery**	[luχrederaj]
contrôleur (m) aérien	**lugverkeersleier**	[luχ·ferkeərs·læjer]
départ (m)	**vertrek**	[fertrek]
arrivée (f)	**aankoms**	[ānkoms]
arriver (par avion)	**aankom**	[ānkom]
temps (m) de départ	**vertrektyd**	[fertrək·tajt]
temps (m) d'arrivée	**aankomstyd**	[ānkoms·tajt]
être retardé	**vertraag wees**	[fertrāχ veəs]
retard (m) de l'avion	**vlugvertraging**	[fluχ·fertraχiŋ]
tableau (m) d'informations	**informasiebord**	[informasi·bort]
information (f)	**informasie**	[informasi]
annoncer (vt)	**aankondig**	[ānkondəχ]
vol (m)	**vlug**	[fluχ]

douane (f)	**doeane**	[duanə]
douanier (m)	**doeanebeampte**	[duanə·beamptə]
déclaration (f) de douane	**doeaneverklaring**	[duanə·ferklariŋ]
remplir (vt)	**invul**	[inful]
contrôle (m) de passeport	**paspoortkontrole**	[paspoərt·kontrolə]
bagage (m)	**bagasie**	[baχasi]
bagage (m) à main	**handbagasie**	[hand·baχasi]
chariot (m)	**bagasiekarretjie**	[baχasi·karrəki]
atterrissage (m)	**landing**	[landiŋ]
piste (f) d'atterrissage	**landingsbaan**	[landiŋs·bān]
atterrir (vi)	**land**	[lant]
escalier (m) d'avion	**vliegtuigtrap**	[fliχtœiχ·trap]
enregistrement (m)	**na die vertrektoonbank**	[na di fertrək·toənbank]
comptoir (m) d'enregistrement	**vertrektoonbank**	[fertrək·toənbank]
s'enregistrer (vp)	**na die vertrektoonbank gaan**	[na di fertrək·toənbank χān]
carte (f) d'embarquement	**instapkaart**	[instap·kārt]
porte (f) d'embarquement	**vertrekuitgang**	[fertrek·œitχaŋ]
transit (m)	**transito**	[traŋsito]
attendre (vt)	**wag**	[vaχ]
salle (f) d'attente	**vertreksaal**	[fertrək·sāl]
raccompagner (à l'aéroport, etc.)	**afsien**	[afsin]
dire au revoir	**afskeid neem**	[afskæjt neəm]

145. Le vêlo. La moto

vélo (m)	**fiets**	[fits]
scooter (m)	**bromponie**	[bromponi]
moto (f)	**motorfiets**	[motorfits]
faire du vélo	**per fiets ry**	[pər fits raj]
guidon (m)	**stuurstang**	[stɪr·staŋ]
pédale (f)	**pedaal**	[pedāl]
freins (m pl)	**remme**	[remmə]
selle (f)	**fietssaal**	[fits·sāl]
pompe (f)	**pomp**	[pomp]
porte-bagages (m)	**bagasierak**	[baχasi·rak]
phare (m)	**fietslamp**	[fits·lamp]
casque (m)	**helmet**	[hɛlmet]
roue (f)	**wiel**	[vil]
garde-boue (m)	**modderskerm**	[moddər·skerm]
jante (f)	**velling**	[fɛlliŋ]
rayon (m)	**speek**	[speək]

La voiture

146. Les différents types de voiture

automobile (f)	**motor**	[motor]
voiture (f) de sport	**sportmotor**	[sport·motor]
limousine (f)	**limousine**	[limæʊsinə]
tout-terrain (m)	**veldvoertuig**	[fɛlt·furtœiχ]
cabriolet (m)	**met afslaandak**	[met afslāndak]
minibus (m)	**bussie**	[bussi]
ambulance (f)	**ambulans**	[ambulaŋs]
chasse-neige (m)	**sneeuploeg**	[sniʊ·pluχ]
camion (m)	**vragmotor**	[fraχ·motor]
camion-citerne (m)	**tenkwa**	[tɛnk·wa]
fourgon (m)	**bestelwa**	[bestəl·wa]
tracteur (m) routier	**padtrekker**	[pad·trɛkkər]
remorque (f)	**aanhangwa**	[ānhaŋ·wa]
confortable (adj)	**gemaklik**	[χemaklik]
d'occasion (adj)	**gebruik**	[χebrœik]

147. La voiture. La carrosserie

capot (m)	**enjinkap**	[ɛnʤin·kap]
aile (f)	**modderskerm**	[moddər·skerm]
toit (m)	**dak**	[dak]
pare-brise (m)	**voorruit**	[foər·rœit]
rétroviseur (m)	**truspieël**	[tru·spiɛl]
lave-glace (m)	**voorruitsproer**	[foər·rœitsprur]
essuie-glace (m)	**ruitveërs**	[rœit·feɛrs]
fenêtre (f) latéral	**syvenster**	[saj·fɛŋstər]
lève-glace (m)	**vensterhyser**	[fɛŋstər·hajsər]
antenne (f)	**lugdraad**	[luχdrāt]
toit (m) ouvrant	**sondak**	[sondak]
pare-chocs (m)	**buffer**	[buffər]
coffre (m)	**bagasiebak**	[baχasi·bak]
galerie (f) de toit	**dakreling**	[dak·reliŋ]
portière (f)	**deur**	[døər]
poignée (f)	**handvatsel**	[hand·fatsəl]
serrure (f)	**deurslot**	[døər·slot]
plaque (f) d'immatriculation	**nommerplaat**	[nommər·plāt]
silencieux (m)	**knaldemper**	[knal·dempər]

réservoir (m) d'essence	**petroltenk**	[petrol·tɛnk]
pot (m) d'échappement	**uitlaatpyp**	[œitlāt·pajp]
accélérateur (m)	**gaspedaal**	[χas·pedāl]
pédale (f)	**pedaal**	[pedāl]
pédale (f) d'accélérateur	**gaspedaal**	[χas·pedāl]
frein (m)	**rem**	[rem]
pédale (f) de frein	**rempedaal**	[rem·pedāl]
freiner (vi)	**remtrap**	[remtrap]
frein (m) à main	**parkeerrem**	[parkeər·rem]
embrayage (m)	**koppelaar**	[koppelār]
pédale (f) d'embrayage	**koppelaarpedaal**	[koppelār·pedāl]
disque (m) d'embrayage	**koppelaarskyf**	[koppelār·skajf]
amortisseur (m)	**skokbreker**	[skok·brekər]
roue (f)	**wiel**	[vil]
roue (f) de rechange	**spaarwiel**	[spār·wil]
pneu (m)	**band**	[bant]
enjoliveur (m)	**wieldop**	[wil·dop]
roues (f pl) motrices	**dryfwiele**	[drajf·wilə]
à traction avant	**voorwielaandrywing**	[foərwil·āndrajviŋ]
à traction arrière	**agterwielaandrywing**	[aχtərwil·āndrajviŋ]
à traction intégrale	**vierwielaandrywing**	[firwil·āndrajviŋ]
boîte (f) de vitesses	**ratkas**	[ratkas]
automatique (adj)	**outomaties**	[æʊtomatis]
mécanique (adj)	**meganies**	[meχanis]
levier (m) de vitesse	**ratwisselaar**	[ratwisselār]
phare (m)	**koplig**	[kopləχ]
feux (m pl)	**kopligte**	[kopliχtə]
feux (m pl) de croisement	**dempstraal**	[demp·strāl]
feux (m pl) de route	**hoofstraal**	[hoəf·strāl]
feux (m pl) stop	**remlig**	[remləχ]
feux (m pl) de position	**parkeerlig**	[parkeər·ləχ]
feux (m pl) de détresse	**gevaarligte**	[χefār·liχtə]
feux (m pl) de brouillard	**mislampe**	[mis·lampə]
clignotant (m)	**draaiwyser**	[drāj·vajsər]
feux (m pl) de recul	**trulig**	[truləχ]

148. La voiture. L'habitacle

habitacle (m)	**interieur**	[interiøər]
en cuir (adj)	**leer-**	[leər-]
en velours (adj)	**fluweel-**	[fluveəl-]
revêtement (m)	**bekleding**	[bekledíŋ]
instrument (m)	**instrument**	[instrument]
tableau (m) de bord	**voorpaneel**	[foər·paneəl]

indicateur (m) de vitesse	**spoedmeter**	[spud·metər]
aiguille (f)	**wyster**	[vajstər]
compteur (m) de kilomètres	**afstandmeter**	[afstant·metər]
indicateur (m)	**sensor**	[sɛŋsor]
niveau (m)	**vlak**	[flak]
témoin (m)	**waarskulig**	[vārskuləχ]
volant (m)	**stuurwiel**	[stɪr·wil]
klaxon (m)	**toeter**	[tutər]
bouton (m)	**knop**	[knop]
interrupteur (m)	**skakelaar**	[skakəlār]
siège (m)	**sitplek**	[sitplek]
dossier (m)	**rugsteun**	[ruχ·støən]
appui-tête (m)	**kopstut**	[kopstut]
ceinture (f) de sécurité	**veiligheidsgordel**	[fæjliχæjts·χordəl]
mettre la ceinture	**die gordel vasmaak**	[di χordəl fasmāk]
réglage (m)	**verstelling**	[ferstɛlliŋ]
airbag (m)	**lugsak**	[luχsak]
climatiseur (m)	**lugversorger**	[luχfersorχər]
radio (f)	**radio**	[radio]
lecteur (m) de CD	**CD-speler**	[se·de spelər]
allumer (vt)	**aanskakel**	[āŋskakəl]
antenne (f)	**lugdraad**	[luχdrāt]
boîte (f) à gants	**paneelkassie**	[paneəl·kassi]
cendrier (m)	**asbak**	[asbak]

149. La voiture. Le moteur

moteur (m)	**motor, enjin**	[motor], [ɛndʒin]
diesel (adj)	**diesel**	[disəl]
à essence (adj)	**petrol**	[petrol]
capacité (f) du moteur	**enjininhoud**	[ɛndʒin·inhæʊt]
puissance (f)	**krag**	[kraχ]
cheval-vapeur (m)	**perdekrag**	[perdə·kraχ]
piston (m)	**suier**	[sœier]
cylindre (m)	**silinder**	[silindər]
soupape (f)	**klep**	[klep]
injecteur (m)	**inspuiting**	[inspœitiŋ]
générateur (m)	**generator**	[χenerator]
carburateur (m)	**vergasser**	[ferχassər]
huile (f) moteur	**motorolie**	[motor·oli]
radiateur (m)	**verkoeler**	[ferkulər]
liquide (m) de refroidissement	**koelmiddel**	[kul·middəl]
ventilateur (m)	**waaier**	[vājer]
batterie (f)	**battery**	[battəraj]
starter (m)	**aansitter**	[āŋsittər]

allumage (m)	**ontsteking**	[ontstekiŋ]
bougie (f) d'allumage	**vonkprop**	[fonk·prop]
borne (f)	**pool**	[poəl]
borne (f) positive	**positiewe pool**	[positivə poəl]
borne (f) négative	**negatiewe pool**	[neχativə poəl]
fusible (m)	**sekering**	[sekəriŋ]
filtre (m) à air	**lugfilter**	[luχ·filtər]
filtre (m) à huile	**oliefilter**	[oli·filtər]
filtre (m) à essence	**brandstoffilter**	[brantstof·filtər]

150. La voiture. La rêparation

accident (m) de voiture	**motorbotsing**	[motor·botsiŋ]
accident (m) de route	**verkeersongeluk**	[ferkeərs·onχəluk]
percuter contre ...	**bots**	[bots]
s'écraser (vp)	**verongeluk**	[feronχəluk]
dégât (m)	**skade**	[skadə]
intact (adj)	**onbeskadig**	[onbeskadəχ]
panne (f)	**onklaar raak**	[onklār rāk]
tomber en panne	**onklaar raak**	[onklār rāk]
corde (f) de remorquage	**sleeptou**	[sleəp·tæʊ]
crevaison (f)	**papwiel**	[pap·wil]
crever (vi) (pneu)	**pap wees**	[pap veəs]
gonfler (vt)	**oppomp**	[oppomp]
pression (f)	**druk**	[druk]
vérifier (vt)	**nagaan**	[naχān]
réparation (f)	**herstel**	[herstəl]
garage (m) (atelier)	**garage**	[χaraʒə]
pièce (f) détachée	**onderdeel**	[ondərdeəl]
pièce (f)	**onderdeel**	[ondərdeəl]
boulon (m)	**bout**	[bæʊt]
vis (f)	**skroef**	[skruf]
écrou (m)	**moer**	[mur]
rondelle (f)	**waster**	[vastər]
palier (m)	**koeëllaer**	[kuɛllaər]
tuyau (m)	**pyp**	[pajp]
joint (m)	**pakstuk**	[pakstuk]
fil (m)	**kabel**	[kabəl]
cric (m)	**domkrag**	[domkraχ]
clé (f) de serrage	**moersleutel**	[mur·sløətəl]
marteau (m)	**hamer**	[hamər]
pompe (f)	**pomp**	[pomp]
tournevis (m)	**skroewedraaier**	[skruvə·drājer]
extincteur (m)	**brandblusser**	[brant·blussər]
triangle (m) de signalisation	**gevaardriehoek**	[χefār·drihuk]

caler (vi)	**stol**	[stol]
calage (m)	**stol**	[stol]
être en panne	**stukkend wees**	[stukkent veəs]
surchauffer (vi)	**oorverhit**	[oərferhit]
se boucher (vp)	**verstop raak**	[ferstop rāk]
geler (vi)	**vries**	[fris]
éclater (tuyau, etc.)	**bars**	[bars]
pression (f)	**druk**	[druk]
niveau (m)	**vlak**	[flak]
lâche (courroie ~)	**slap**	[slap]
fosse (f)	**duik**	[dœik]
bruit (m) anormal	**klopgeluid**	[klop·χəlœit]
fissure (f)	**kraak**	[krāk]
égratignure (f)	**skraap**	[skrāp]

151. La voiture. La route

route (f)	**pad**	[pat]
grande route (autoroute)	**deurpad**	[døərpat]
autoroute (f)	**deurpad**	[døərpat]
direction (f)	**rigting**	[riχtiŋ]
distance (f)	**afstand**	[afstant]
pont (m)	**brug**	[bruχ]
parking (m)	**parkeerterrein**	[parkeər·terræjn]
place (f)	**plein**	[plæjn]
échangeur (m)	**padknoop**	[pad·knoəp]
tunnel (m)	**tonnel**	[tonnəl]
station-service (f)	**petrolstasie**	[petrol·stasi]
parking (m)	**parkeerterrein**	[parkeər·terræjn]
poste (m) d'essence	**petrolpomp**	[petrol·pomp]
garage (m) (atelier)	**garage**	[χaraʒə]
se ravitailler (vp)	**volmaak**	[folmāk]
carburant (m)	**brandstof**	[brantstof]
jerrycan (m)	**petrolblik**	[petrol·blik]
asphalte (m)	**teer**	[teər]
marquage (m)	**padmerktekens**	[pad·merktekɛŋs]
bordure (f)	**randsteen**	[rand·steən]
barrière (f) de sécurité	**skutreling**	[skut·reliŋ]
fossé (m)	**donga**	[donχa]
bas-côté (m)	**skouer**	[skæʊər]
réverbère (m)	**lamppaal**	[lamp·pāl]
conduire (une voiture)	**bestuur**	[bestɪr]
tourner (~ à gauche)	**draai**	[drāi]
faire un demi-tour	**U-draai maak**	[u-drāj māk]
marche (f) arrière	**tru-**	[tru-]
klaxonner (vi)	**toeter**	[tutər]
coup (m) de klaxon	**toeter**	[tutər]

s'embourber (vp)	**vassteek**	[fassteək]
déraper (vi)	**die wiele laat tol**	[di vilə lāt tol]
couper (le moteur)	**afskakel**	[afskakəl]
vitesse (f)	**spoed**	[sput]
dépasser la vitesse	**die spoedgrens oortree**	[di sputχrɛŋs oərtreə]
feux (m pl) de circulation	**robot**	[robot]
permis (m) de conduire	**bestuurslisensie**	[bestɪrs·lisɛŋsi]
passage (m) à niveau	**treinoorgang**	[træjn·oərχaŋ]
carrefour (m)	**kruispunt**	[krœis·punt]
passage (m) piéton	**sebraoorgang**	[sebra·oərχaŋ]
virage (m)	**draai**	[drāi]
zone (f) piétonne	**voetgangerstraat**	[futχaŋər·strāt]

LES GENS. LES ÉVÉNEMENTS

Les grands événements de la vie

152. Les fêtes et les événements

fête (f)	**partytjie**	[partajki]
fête (f) nationale	**nasionale dag**	[naʃionalə daχ]
jour (m) férié	**openbare vakansiedag**	[openbarə fakaŋsi·daχ]
fêter (vt)	**herdenk**	[herdenk]
événement (m) (~ du jour)	**gebeurtenis**	[χebøərtenis]
événement (m) (soirée, etc.)	**gebeurtenis**	[χebøərtenis]
banquet (m)	**banket**	[banket]
réception (f)	**onthaal**	[onthāl]
festin (m)	**feesmaal**	[feəs·māl]
anniversaire (m)	**verjaardag**	[ferjār·daχ]
jubilé (m)	**jubileum**	[jubiløəm]
célébrer (vt)	**vier**	[fir]
Nouvel An (m)	**Nuwejaar**	[nuvejār]
Bonne année!	**Voorspoedige Nuwejaar**	[foərspudiχə nuvejār]
Père Noël (m)	**Kersvader**	[kers·fadər]
Noël (m)	**Kersfees**	[kersfeəs]
Joyeux Noël!	**Geseënde Kersfees**	[χeseɛndə kersfeɛs]
arbre (m) de Noël	**Kersboom**	[kers·boəm]
feux (m pl) d'artifice	**vuurwerk**	[fɪrwerk]
mariage (m)	**bruilof**	[brœilof]
fiancé (m)	**bruidegom**	[brœidəχom]
fiancée (f)	**bruid**	[brœit]
inviter (vt)	**uitnooi**	[œitnoj]
lettre (f) d'invitation	**uitnodiging**	[œitnodəχiŋ]
invité (m)	**gas**	[χas]
visiter (~ les amis)	**besoek**	[besuk]
accueillir les invités	**die gaste ontmoet**	[di χastə ontmut]
cadeau (m)	**present**	[present]
offrir (un cadeau)	**gee**	[χeə]
recevoir des cadeaux	**presente ontvang**	[presentə ontfaŋ]
bouquet (m)	**boeket**	[buket]
félicitations (f pl)	**gelukwense**	[χelukwɛŋsə]
féliciter (vt)	**gelukwens**	[χelukwɛŋs]
carte (f) de veux	**geleentheidskaartjie**	[χeleenthæjts·kārki]

toast (m)	**heildronk**	[hæjldronk]
offrir (un verre, etc.)	**aanbied**	[ānbit]
champagne (m)	**sjampanje**	[ʃampanje]
s'amuser (vp)	**jouself geniet**	[jæʊsɛlf χenit]
gaieté (f)	**pret**	[pret]
joie (f) (émotion)	**vreugde**	[frøəχdə]
danse (f)	**dans**	[daŋs]
danser (vi, vt)	**dans**	[daŋs]
valse (f)	**wals**	[vals]
tango (m)	**tango**	[tanχo]

153. L'enterrement. Le deuil

cimetière (m)	**begraafplaas**	[beχrāf·plās]
tombe (f)	**graf**	[χraf]
croix (f)	**kruis**	[krœis]
pierre (f) tombale	**grafsteen**	[χrafsteən]
clôture (f)	**heining**	[hæjniŋ]
chapelle (f)	**kapel**	[kapəl]
mort (f)	**dood**	[doət]
mourir (vi)	**doodgaan**	[doədχān]
défunt (m)	**oorledene**	[oərledenə]
deuil (m)	**rou**	[ræʊ]
enterrer (vt)	**begrawe**	[beχravə]
maison (f) funéraire	**begrafnisonderneming**	[beχrafnis·ondərnemiŋ]
enterrement (m)	**begrafnis**	[beχrafnis]
couronne (f)	**krans**	[kraŋs]
cercueil (m)	**doodskis**	[doədskis]
corbillard (m)	**lykswa**	[lajks·wa]
linceul (m)	**lykkleed**	[lajk·kleət]
cortège (m) funèbre	**begrafnisstoet**	[beχrafnis·stut]
urne (f) funéraire	**urn**	[urn]
crématoire (m)	**krematorium**	[krematorium]
nécrologue (m)	**doodsberig**	[doəds·berəχ]
pleurer (vi)	**huil**	[hœil]
sangloter (vi)	**snik**	[snik]

154. La guerre. Les soldats

section (f)	**peleton**	[peleton]
compagnie (f)	**kompanie**	[kompani]
régiment (m)	**regiment**	[reχiment]
armée (f)	**leër**	[leɛr]
division (f)	**divisie**	[difisi]

détachement (m)	**afdeling**	[afdeliŋ]
armée (f) (Moyen Âge)	**leërskare**	[leɛrskarə]
soldat (m) (un militaire)	**soldaat**	[soldāt]
officier (m)	**offisier**	[offisir]
soldat (m) (grade)	**soldaat**	[soldāt]
sergent (m)	**sersant**	[sersant]
lieutenant (m)	**luitenant**	[lœitənant]
capitaine (m)	**kaptein**	[kaptæjn]
commandant (m)	**majoor**	[majoər]
colonel (m)	**kolonel**	[kolonəl]
général (m)	**generaal**	[χenerāl]
marin (m)	**matroos**	[matroəs]
capitaine (m)	**kaptein**	[kaptæjn]
maître (m) d'équipage	**bootsman**	[boətsman]
artilleur (m)	**artilleris**	[artilleris]
parachutiste (m)	**valskermsoldaat**	[falskerm·soldāt]
pilote (m)	**piloot**	[piloət]
navigateur (m)	**navigator**	[nafiχator]
mécanicien (m)	**werktuigkundige**	[verktœiχ·kundiχə]
démineur (m)	**sappeur**	[sappøər]
parachutiste (m)	**valskermspringer**	[falskerm·spriŋər]
éclaireur (m)	**verkenner**	[ferkɛnnər]
tireur (m) d'élite	**skerpskut**	[skerp·skut]
patrouille (f)	**patrollie**	[patrolli]
patrouiller (vi)	**patrolleer**	[patrolleər]
sentinelle (f)	**wag**	[vaχ]
guerrier (m)	**vegter**	[feχtər]
patriote (m)	**patriot**	[patriot]
héros (m)	**held**	[hɛlt]
héroïne (f)	**heldin**	[hɛldin]
traître (m)	**verraaier**	[ferrājer]
trahir (vt)	**verraai**	[ferrāi]
déserteur (m)	**droster**	[drostər]
déserter (vt)	**dros**	[dros]
mercenaire (m)	**huursoldaat**	[hɪr·soldāt]
recrue (f)	**rekruteer**	[rekruteər]
volontaire (m)	**vrywilliger**	[frajvilliχər]
mort (m)	**dooie**	[doje]
blessé (m)	**gewonde**	[χevondə]
prisonnier (m) de guerre	**krygsgevangene**	[krajχs·χefaŋənə]

155. La guerre. Partie 1

guerre (f)	**oorlog**	[oərloχ]
faire la guerre	**oorlog voer**	[oərloχ fur]

guerre (f) civile	**burgeroorlog**	[burgər·oərloχ]
perfidement (adv)	**valslik**	[falslik]
déclaration (f) de guerre	**oorlogsverklaring**	[oərloχs·ferklariŋ]
déclarer (la guerre)	**oorlog verklaar**	[oərloχ ferklār]
agression (f)	**aggressie**	[aχrɛssi]
attaquer (~ un pays)	**aanval**	[ānfal]
envahir (vt)	**binneval**	[binnəfal]
envahisseur (m)	**binnevaller**	[binnəfallər]
conquérant (m)	**veroweraar**	[feroverār]
défense (f)	**verdediging**	[ferdedəχiŋ]
défendre (vt)	**verdedig**	[ferdedəχ]
se défendre (vp)	**jouself verdedig**	[jæʊsɛlf ferdedəχ]
ennemi (m)	**vyand**	[fajant]
adversaire (m)	**teëstander**	[teɛstandər]
ennemi (adj) (territoire ~)	**vyandig**	[fajandəχ]
stratégie (f)	**strategie**	[strateχi]
tactique (f)	**taktiek**	[taktik]
ordre (m)	**bevel**	[befəl]
commande (f)	**bevel**	[befəl]
ordonner (vt)	**beveel**	[befeəl]
mission (f)	**opdrag**	[opdraχ]
secret (adj)	**geheim**	[χəhæjm]
bataille (f)	**slag**	[slaχ]
bataille (f)	**veldslag**	[fɛltslaχ]
combat (m)	**geveg**	[χefeχ]
attaque (f)	**aanval**	[ānfal]
assaut (m)	**bestorming**	[bestormiŋ]
prendre d'assaut	**bestorm**	[bestorm]
siège (m)	**beleg**	[beleχ]
offensive (f)	**aanval**	[ānfal]
passer à l'offensive	**tot die offensief oorgaan**	[tot di offɛŋsif oərχān]
retraite (f)	**terugtrekking**	[teruχ·trɛkkiŋ]
faire retraite	**terugtrek**	[teruχtrek]
encerclement (m)	**omsingeling**	[omsinχəliŋ]
encercler (vt)	**omsingel**	[omsiŋəl]
bombardement (m)	**bombardement**	[bombardement]
bombarder (vt)	**bombardeer**	[bombardeər]
explosion (f)	**ontploffing**	[ontploffiŋ]
coup (m) de feu	**skoot**	[skoət]
fusillade (f)	**skiet**	[skit]
viser … (cible)	**mik op**	[mik op]
pointer (sur …)	**rig**	[riχ]
atteindre (cible)	**tref**	[tref]

faire sombrer	**sink**	[sink]
trou (m) (dans un bateau)	**gat**	[χat]
sombrer (navire)	**sink**	[sink]
front (m)	**front**	[front]
évacuation (f)	**evakuasie**	[ɛfakuasi]
évacuer (vt)	**evakueer**	[ɛfakueər]
tranchée (f)	**loopgraaf**	[loəpχrāf]
barbelés (m pl)	**doringdraad**	[doriŋ·drāt]
barrage (m) (~ antichar)	**versperring**	[fersperriŋ]
tour (f) de guet	**wagtoring**	[vaχ·toriŋ]
hôpital (m)	**militêre hospitaal**	[militærə hospitāl]
blesser (vt)	**wond**	[vont]
blessure (f)	**wond**	[vont]
blessé (m)	**gewonde**	[χevondə]
être blessé	**gewond**	[χevont]
grave (blessure)	**ernstig**	[ɛrnstəχ]

156. Les armes

arme (f)	**wapens**	[vapɛns]
armes (f pl) à feu	**vuurwapens**	[fɪr·vapɛns]
armes (f pl) blanches	**messe**	[mɛssə]
arme (f) chimique	**chemiese wapens**	[χemisə vapɛns]
nucléaire (adj)	**kern-**	[kern-]
arme (f) nucléaire	**kernwapens**	[kern·vapɛns]
bombe (f)	**bom**	[bom]
bombe (f) atomique	**atoombom**	[atoəm·bom]
pistolet (m)	**pistool**	[pistoəl]
fusil (m)	**geweer**	[χeveər]
mitraillette (f)	**aanvalsgeweer**	[ānvals·χeveər]
mitrailleuse (f)	**masjiengeweer**	[maʃin·χeveər]
bouche (f)	**loop**	[loəp]
canon (m)	**loop**	[loəp]
calibre (m)	**kaliber**	[kalibər]
gâchette (f)	**sneller**	[snɛllər]
mire (f)	**visier**	[fisir]
magasin (m)	**magasyn**	[maχasajn]
crosse (f)	**kolf**	[kolf]
grenade (f) à main	**handgranaat**	[hand·χranāt]
explosif (m)	**springstof**	[spriŋstof]
balle (f)	**koeël**	[kuɛl]
cartouche (f)	**patroon**	[patroən]
charge (f)	**lading**	[ladiŋ]
munitions (f pl)	**ammunisie**	[ammunisi]

bombardier (m)	**bomwerper**	[bom·werpər]
avion (m) de chasse	**straalvegter**	[strāl·feχtər]
hélicoptère (m)	**helikopter**	[helikoptər]
pièce (f) de D.C.A.	**lugafweer**	[luχafweər]
char (m)	**tenk**	[tɛnk]
canon (m) d'un char	**tenkkanon**	[tɛnk·kanon]
artillerie (f)	**artillerie**	[artilleri]
canon (m)	**kanon**	[kanon]
pointer (~ l'arme)	**aanlê**	[ānlɛ:]
obus (m)	**projektiel**	[projektil]
obus (m) de mortier	**mortierbom**	[mortir·bom]
mortier (m)	**mortier**	[mortir]
éclat (m) d'obus	**skrapnel**	[skrapnəl]
sous-marin (m)	**duikboot**	[dœik·boət]
torpille (f)	**torpedo**	[torpedo]
missile (m)	**vuurpyl**	[fɪr·pajl]
charger (arme)	**laai**	[lāi]
tirer (vi)	**skiet**	[skit]
viser ... (cible)	**rig op**	[riχ op]
baïonnette (f)	**bajonet**	[bajonet]
épée (f)	**rapier**	[rapir]
sabre (m)	**sabel**	[sabəl]
lance (f)	**spies**	[spis]
arc (m)	**boog**	[boəχ]
flèche (f)	**pyl**	[pajl]
mousquet (m)	**musket**	[musket]
arbalète (f)	**kruisboog**	[krœis·boəχ]

157. Les hommes préhistoriques

primitif (adj)	**primitief**	[primitif]
préhistorique (adj)	**prehistories**	[prehistoris]
ancien (adj)	**antiek**	[antik]
Âge (m) de pierre	**Steentydperk**	[steən·tajtperk]
Âge (m) de bronze	**Bronstydperk**	[brɔŋs·tajtperk]
période (f) glaciaire	**Ystydperk**	[ajs·tajtperk]
tribu (f)	**stam**	[stam]
cannibale (m)	**mensvreter**	[mɛŋs·fretər]
chasseur (m)	**jagter**	[jaχtər]
chasser (vi, vt)	**jag**	[jaχ]
mammouth (m)	**mammoet**	[mammut]
caverne (f)	**grot**	[χrot]
feu (m)	**vuur**	[fɪr]
feu (m) de bois	**kampvuur**	[kampfɪr]
dessin (m) rupestre	**rotstekening**	[rots·tekəniŋ]

outil (m)	**werktuig**	[verktœiχ]
lance (f)	**spies**	[spis]
hache (f) en pierre	**klipbyl**	[klip·bajl]
faire la guerre	**oorlog voer**	[oərloχ fur]
domestiquer (vt)	**tem**	[tem]
idole (f)	**afgod**	[afχot]
adorer, vénérer (vt)	**aanbid**	[ānbit]
superstition (f)	**bygeloof**	[bajχəloəf]
rite (m)	**ritueel**	[ritueəl]
évolution (f)	**evolusie**	[ɛfolusi]
développement (m)	**ontwikkeling**	[ontwikkeliŋ]
disparition (f)	**verdwyning**	[ferdwajniŋ]
s'adapter (vp)	**jou aanpas**	[jæʊ ānpas]
archéologie (f)	**argeologie**	[arχeoloχi]
archéologue (m)	**argeoloog**	[arχeoloəχ]
archéologique (adj)	**argeologies**	[arχeoloχis]
site (m) d'excavation	**opgrawingsplek**	[opχraviŋs·plek]
fouilles (f pl)	**opgrawingsplekke**	[opχraviŋs·plɛkkə]
trouvaille (f)	**vonds**	[fonds]
fragment (m)	**fragment**	[fraχment]

158. Le Moyen Âge

peuple (m)	**volk**	[folk]
peuples (m pl)	**bevolking**	[befolkiŋ]
tribu (f)	**stam**	[stam]
tribus (f pl)	**stamme**	[stammə]
Barbares (m pl)	**barbare**	[barbarə]
Gaulois (m pl)	**Galliërs**	[χalliɛrs]
Goths (m pl)	**Gote**	[χote]
Slaves (m pl)	**Slawe**	[slavə]
Vikings (m pl)	**Vikings**	[vikiŋs]
Romains (m pl)	**Romeine**	[romæjnə]
romain (adj)	**Romeins**	[romæjns]
byzantins (m pl)	**Bisantyne**	[bisantajnə]
Byzance (f)	**Bisantium**	[bisantium]
byzantin (adj)	**Bisantyns**	[bisantajns]
empereur (m)	**keiser**	[kæjsər]
chef (m)	**leier**	[læjer]
puissant (adj)	**magtig**	[maχtəχ]
roi (m)	**koning**	[koniŋ]
gouverneur (m)	**heerser**	[heərsər]
chevalier (m)	**ridder**	[riddər]
féodal (m)	**feodale heerser**	[feodalə heərsər]
féodal (adj)	**feodaal**	[feodāl]

vassal (m)	**vasal**	[fasal]
duc (m)	**hertog**	[hertoχ]
comte (m)	**graaf**	[χrāf]
baron (m)	**baron**	[baron]
évêque (m)	**biskop**	[biskop]
armure (f)	**harnas**	[harnas]
bouclier (m)	**skild**	[skilt]
glaive (m)	**swaard**	[swārt]
visière (f)	**visier**	[fisir]
cotte (f) de mailles	**maliehemp**	[mali·hemp]
croisade (f)	**Kruistog**	[krœis·toχ]
croisé (m)	**kruisvaarder**	[krœis·fārdər]
territoire (m)	**gebied**	[χebit]
attaquer (~ un pays)	**aanval**	[ānfal]
conquérir (vt)	**verower**	[ferovər]
occuper (envahir)	**beset**	[beset]
siège (m)	**beleg**	[beleχ]
assiégé (adj)	**beleërde**	[beleɛrdə]
assiéger (vt)	**beleër**	[beleɛr]
inquisition (f)	**inkwisisie**	[inkvisisi]
inquisiteur (m)	**inkwisiteur**	[inkvisitøər]
torture (f)	**marteling**	[martəliŋ]
cruel (adj)	**wreed**	[vreət]
hérétique (m)	**ketter**	[kɛttər]
hérésie (f)	**kettery**	[kɛtteraj]
navigation (f) en mer	**seevaart**	[seə·fārt]
pirate (m)	**piraat, seerower**	[pirāt], [seə·rovər]
piraterie (f)	**piratery, seerowery**	[pirateraj], [seə·roveraj]
abordage (m)	**enter**	[ɛntər]
butin (m)	**buit**	[bœit]
trésor (m)	**skatte**	[skattə]
découverte (f)	**ontdekking**	[ontdɛkkiŋ]
découvrir (vt)	**ontdek**	[ontdek]
expédition (f)	**ekspedisie**	[ɛkspedisi]
mousquetaire (m)	**musketier**	[musketir]
cardinal (m)	**kardinaal**	[kardināl]
héraldique (f)	**heraldiek**	[heraldik]
héraldique (adj)	**heraldies**	[heraldis]

159. Les dirigeants. Les responsables. Les autorités

roi (m)	**koning**	[koniŋ]
reine (f)	**koningin**	[koniŋin]
royal (adj)	**koninklik**	[koninklik]
royaume (m)	**koninkryk**	[koninkrajk]
prince (m)	**prins**	[prins]

princesse (f)	**prinses**	[prinsəs]
président (m)	**president**	[president]
vice-président (m)	**vise-president**	[fise-president]
sénateur (m)	**senator**	[senator]
monarque (m)	**monarg**	[monarχ]
gouverneur (m)	**heerser**	[heərsər]
dictateur (m)	**diktator**	[diktator]
tyran (m)	**tiran**	[tiran]
magnat (m)	**magnaat**	[maχnāt]
directeur (m)	**direkteur**	[direktøər]
chef (m)	**baas**	[bās]
gérant (m)	**bestuurder**	[bestɪrdər]
boss (m)	**baas**	[bās]
patron (m)	**eienaar**	[æjenār]
leader (m)	**leier**	[læjer]
chef (m) (~ d'une délégation)	**hoof**	[hoəf]
autorités (f pl)	**outoriteite**	[æʊtoritæjtə]
supérieurs (m pl)	**hoofde**	[hoəfdə]
gouverneur (m)	**goewerneur**	[χuvernøər]
consul (m)	**konsul**	[kɔŋsul]
diplomate (m)	**diplomaat**	[diplomāt]
maire (m)	**burgermeester**	[burgər·meəstər]
shérif (m)	**sheriff**	[sheriff]
empereur (m)	**keiser**	[kæjsər]
tsar (m)	**tsaar**	[tsār]
pharaon (m)	**farao**	[farao]
khan (m)	**kan**	[kan]

160. Les crimes. Les criminels. Partie 1

bandit (m)	**bandiet**	[bandit]
crime (m)	**misdaad**	[misdāt]
criminel (m)	**misdadiger**	[misdadiχər]
voleur (m)	**dief**	[dif]
voler (qch à qn)	**steel**	[steəl]
vol (m) (activité)	**steel**	[steəl]
vol (m) (~ à la tire)	**diefstal**	[difstal]
kidnapper (vt)	**ontvoer**	[ontfur]
kidnapping (m)	**ontvoering**	[ontfuriŋ]
kidnappeur (m)	**ontvoerder**	[ontfurdər]
rançon (f)	**losgeld**	[losχɛlt]
exiger une rançon	**losgeld eis**	[losχɛlt æjs]
cambrioler (vt)	**besteel**	[besteəl]
cambriolage (m)	**oorval**	[oərfal]
cambrioleur (m)	**boef**	[buf]

extorquer (vt)	**afpers**	[afpers]
extorqueur (m)	**afperser**	[afpersər]
extorsion (f)	**afpersing**	[afpersiŋ]
tuer (vt)	**vermoor**	[fermoər]
meurtre (m)	**moord**	[moərt]
meurtrier (m)	**moordenaar**	[moərdenār]
coup (m) de feu	**skoot**	[skoət]
abattre (par balle)	**doodskiet**	[doədskit]
tirer (vi)	**skiet**	[skit]
coups (m pl) de feu	**skietery**	[skiteraj]
incident (m)	**insident**	[insident]
bagarre (f)	**geveg**	[χefeχ]
Au secours!	**Help!**	[hɛlp!]
victime (f)	**slagoffer**	[slaχoffər]
endommager (vt)	**beskadig**	[beskadəχ]
dommage (m)	**skade**	[skadə]
cadavre (m)	**lyk**	[lajk]
grave (~ crime)	**ernstig**	[ɛrnstəχ]
attaquer (vt)	**aanval**	[ānfal]
battre (frapper)	**slaan**	[slān]
passer à tabac	**platslaan**	[platslān]
prendre (voler)	**vat**	[fat]
poignarder (vt)	**doodsteek**	[doədsteək]
mutiler (vt)	**vermink**	[fermink]
blesser (vt)	**wond**	[vont]
chantage (m)	**afpersing**	[afpersiŋ]
faire chanter	**afpers**	[afpers]
maître (m) chanteur	**afperser**	[afpersər]
racket (m) de protection	**beskermingswendelary**	[beskermiŋ·swendəlaraj]
racketteur (m)	**afperser**	[afpersər]
gangster (m)	**boef**	[buf]
mafia (f)	**mafia**	[mafia]
pickpocket (m)	**sakkeroller**	[sakkerollər]
cambrioleur (m)	**inbreker**	[inbrekər]
contrebande (f) (trafic)	**smokkel**	[smokkəl]
contrebandier (m)	**smokkelaar**	[smokkəlār]
contrefaçon (f)	**vervalsing**	[ferfalsiŋ]
falsifier (vt)	**verval**	[ferfal]
faux (falsifié)	**vals**	[fals]

161. Les crimes. Les criminels. Partie 2

viol (m)	**verkragting**	[ferkraχtiŋ]
violer (vt)	**verkrag**	[ferkraχ]
violeur (m)	**verkragter**	[ferkraχtər]

maniaque (m)	**maniak**	[maniak]
prostituée (f)	**prostituut**	[prostitɪt]
prostitution (f)	**prostitusie**	[prostitusi]
souteneur (m)	**pooier**	[pojer]
drogué (m)	**dwelmslaaf**	[dwɛlm·slāf]
trafiquant (m) de drogue	**dwelmhandelaar**	[dwɛlm·handəlār]
faire exploser	**opblaas**	[opblās]
explosion (f)	**ontploffing**	[ontploffiŋ]
mettre feu	**aan die brand steek**	[ān di brant steək]
incendiaire (m)	**brandstigter**	[brant·stiχtər]
terrorisme (m)	**terrorisme**	[terrorismə]
terroriste (m)	**terroris**	[terroris]
otage (m)	**gyselaar**	[χajsəlār]
escroquer (vt)	**bedrieg**	[bedrəχ]
escroquerie (f)	**bedrog**	[bedroχ]
escroc (m)	**bedrieër**	[bedriɛr]
soudoyer (vt)	**omkoop**	[omkoəp]
corruption (f)	**omkopery**	[omkoperaj]
pot-de-vin (m)	**omkoopgeld**	[omkoəp·χɛlt]
poison (m)	**gif**	[χif]
empoisonner (vt)	**vergiftig**	[ferχiftəχ]
s'empoisonner (vp)	**jouself vergiftig**	[jæʊsɛlf ferχiftəχ]
suicide (m)	**selfmoord**	[sɛlfmoərt]
suicidé (m)	**selfmoordenaar**	[sɛlfmoərdenār]
menacer (vt)	**dreig**	[dræjχ]
menace (f)	**dreigement**	[dræjχement]
attentat (m)	**aanslag**	[āŋslaχ]
voler (un auto)	**steel**	[steəl]
détourner (un avion)	**kaap**	[kāp]
vengeance (f)	**wraak**	[vrāk]
se venger (vp)	**wreek**	[vreək]
torturer (vt)	**martel**	[martəl]
torture (f)	**marteling**	[martəliŋ]
tourmenter (vt)	**folter**	[foltər]
pirate (m)	**piraat, seerower**	[pirāt], [seə·rovər]
voyou (m)	**skollie**	[skolli]
armé (adj)	**gewapen**	[χevapen]
violence (f)	**geweld**	[χevɛlt]
illégal (adj)	**onwettig**	[onwɛttəχ]
espionnage (m)	**spioenasie**	[spiunasi]
espionner (vt)	**spioeneer**	[spiuneər]

162. La police. La justice. Partie 1

justice (f)	**justisie**	[jəstisi]
tribunal (m)	**geregshof**	[χereχshof]
juge (m)	**regter**	[reχtər]
jury (m)	**jurielede**	[juriledə]
cour (f) d'assises	**jurieregspraak**	[juri·reχsprāk]
juger (vt)	**bereg**	[bereχ]
avocat (m)	**advokaat**	[adfokāt]
accusé (m)	**beklaagde**	[beklāχdə]
banc (m) des accusés	**beklaagdebank**	[beklāχdə·bank]
inculpation (f)	**aanklag**	[ānklaχ]
inculpé (m)	**beskuldigde**	[beskuldiχdə]
condamnation (f)	**vonnis**	[fonnis]
condamner (vt)	**veroordeel**	[feroərdeəl]
coupable (m)	**skuldig**	[skuldəχ]
punir (vt)	**straf**	[straf]
punition (f)	**straf**	[straf]
amende (f)	**boete**	[butə]
détention (f) à vie	**lewenslange gevangenisstraf**	[levɛŋslaŋə χefaŋənis·straf]
peine (f) de mort	**doodstraf**	[doədstraf]
chaise (f) électrique	**elektriese stoel**	[ɛlektrisə stul]
potence (f)	**galg**	[χalχ]
exécuter (vt)	**eksekuteer**	[ɛksekuteər]
exécution (f)	**eksekusie**	[ɛksekusi]
prison (f)	**tronk**	[tronk]
cellule (f)	**sel**	[səl]
escorte (f)	**eskort**	[ɛskort]
gardien (m) de prison	**tronkbewaarder**	[tronk·bevārdər]
prisonnier (m)	**gevangene**	[χefaŋənə]
menottes (f pl)	**handboeie**	[hant·buje]
mettre les menottes	**in die boeie slaan**	[in di buje slān]
évasion (f)	**ontsnapping**	[ontsnappiŋ]
s'évader (vp)	**ontsnap**	[ontsnap]
disparaître (vi)	**verdwyn**	[ferdwajn]
libérer (vt)	**vrylaat**	[frajlāt]
amnistie (f)	**amnestie**	[amnesti]
police (f)	**polisie**	[polisi]
policier (m)	**polisieman**	[polisi·man]
commissariat (m) de police	**polisiestasie**	[polisi·stasi]
matraque (f)	**knuppel**	[knuppəl]
haut parleur (m)	**megafoon**	[meχafoən]

voiture (f) de patrouille	**patrolliemotor**	[patrolli·motor]
sirène (f)	**sirene**	[sirenə]
enclencher la sirène	**die sirene aanskakel**	[di sirenə āŋskakəl]
hurlement (m) de la sirène	**sirenegeloei**	[sirenə·χelui]
lieu (m) du crime	**misdaadtoneel**	[misdād·toneəl]
témoin (m)	**getuie**	[χetœiə]
liberté (f)	**vryheid**	[frajhæjt]
complice (m)	**medepligtige**	[medə·pliχtiχə]
s'enfuir (vp)	**ontvlug**	[ontfluχ]
trace (f)	**spoor**	[spoər]

163. La police. La justice. Partie 2

recherche (f)	**soektog**	[suktoχ]
rechercher (vt)	**soek ...**	[suk ...]
suspicion (f)	**verdenking**	[ferdɛnkiŋ]
suspect (adj)	**verdag**	[ferdaχ]
arrêter (dans la rue)	**teëhou**	[teɛhæʊ]
détenir (vt)	**aanhou**	[ānhæʊ]
affaire (f) (~ pénale)	**hofsaak**	[hofsāk]
enquête (f)	**ondersoek**	[ondərsuk]
détective (m)	**speurder**	[spøərdər]
enquêteur (m)	**speurder**	[spøərdər]
hypothèse (f)	**hipotese**	[hipotesə]
motif (m)	**motief**	[motif]
interrogatoire (m)	**ondervraging**	[ondərfraχiŋ]
interroger (vt)	**ondervra**	[ondərfra]
interroger (~ les voisins)	**verhoor**	[ferhoər]
inspection (f)	**kontroleer**	[kontroleər]
rafle (f)	**klopjag**	[klopjaχ]
perquisition (f)	**huissoeking**	[hœis·sukiŋ]
poursuite (f)	**agtervolging**	[aχtərfolχiŋ]
poursuivre (vt)	**agtervolg**	[aχtərfolχ]
dépister (vt)	**opspoor**	[opspoər]
arrestation (f)	**inhegtenisneming**	[inheχtenis·nemiŋ]
arrêter (vt)	**arresteer**	[arresteər]
attraper (~ un criminel)	**vang**	[faŋ]
capture (f)	**opsporing**	[opsporiŋ]
document (m)	**dokument**	[dokument]
preuve (f)	**bewys**	[bevajs]
prouver (vt)	**bewys**	[bevajs]
empreinte (f) de pied	**voetspoor**	[futspoər]
empreintes (f pl) digitales	**vingerafdrukke**	[fiŋər·afdrukkə]
élément (m) de preuve	**bewysstuk**	[bevajs·stuk]
alibi (m)	**alibi**	[alibi]
innocent (non coupable)	**onskuldig**	[ɔŋskuldəχ]
injustice (f)	**onreg**	[onreχ]

injuste (adj)	**onregverdig**	[onreχferdəχ]
criminel (adj)	**krimineel**	[krimineəl]
confisquer (vt)	**in beslag neem**	[in beslaχ neəm]
drogue (f)	**dwelm**	[dwɛlm]
arme (f)	**wapen**	[vapen]
désarmer (vt)	**ontwapen**	[ontvapen]
ordonner (vt)	**beveel**	[befeəl]
disparaître (vi)	**verdwyn**	[ferdwajn]
loi (f)	**wet**	[vet]
légal (adj)	**wettig**	[vɛttəχ]
illégal (adj)	**onwettig**	[onwɛttəχ]
responsabilité (f)	**verantwoordelikheid**	[ferant·voərdelikhæjt]
responsable (adj)	**verantwoordelik**	[ferant·voərdelik]

LA NATURE

La Terre. Partie 1

164. L'espace cosmique

cosmos (m)	**kosmos**	[kosmos]
cosmique (adj)	**kosmies**	[kosmis]
espace (m) cosmique	**buitenste ruimte**	[bœitɛŋstə rajmtə]
monde (m)	**wêreld**	[værɛlt]
univers (m)	**heelal**	[heəlal]
galaxie (f)	**sterrestelsel**	[sterrə·stɛlsəl]
étoile (f)	**ster**	[ster]
constellation (f)	**sterrebeeld**	[sterrə·beəlt]
planète (f)	**planeet**	[planeət]
satellite (m)	**satelliet**	[satɛllit]
météorite (m)	**meteoriet**	[meteorit]
comète (f)	**komeet**	[komeət]
astéroïde (m)	**asteroïed**	[asteroïət]
orbite (f)	**baan**	[bān]
tourner (vi)	**draai**	[drāi]
atmosphère (f)	**atmosfeer**	[atmosfeər]
Soleil (m)	**die Son**	[di son]
système (m) solaire	**sonnestelsel**	[sonnə·stɛlsəl]
éclipse (f) de soleil	**sonsverduistering**	[sɔŋs·ferdœisteriŋ]
Terre (f)	**die Aarde**	[di ārdə]
Lune (f)	**die Maan**	[di mān]
Mars (m)	**Mars**	[mars]
Vénus (f)	**Venus**	[fenus]
Jupiter (m)	**Jupiter**	[jupitər]
Saturne (m)	**Saturnus**	[saturnus]
Mercure (m)	**Mercurius**	[merkurius]
Uranus (m)	**Uranus**	[uranus]
Neptune	**Neptunus**	[neptunus]
Pluton (m)	**Pluto**	[pluto]
la Voie Lactée	**Melkweg**	[melk·weχ]
la Grande Ours	**Groot Beer**	[χroət beər]
la Polaire	**Poolster**	[poəl·stər]
martien (m)	**marsbewoner**	[mars·bevonər]
extraterrestre (m)	**buiteaardse wese**	[bœitə·ārdsə vesə]

alien (m)	**ruimtewese**	[rœimtə·vesə]
soucoupe (f) volante	**vlieënde skottel**	[fliɛndə skottəl]
vaisseau (m) spatial	**ruimteskip**	[rœimtə·skip]
station (f) orbitale	**ruimtestasie**	[rœimtə·stasi]
lancement (m)	**vertrek**	[fertrek]
moteur (m)	**enjin**	[ɛndʒin]
tuyère (f)	**uitlaatpyp**	[œitlāt·pajp]
carburant (m)	**brandstof**	[brantstof]
cabine (f)	**stuurkajuit**	[stɪr·kajœit]
antenne (f)	**lugdraad**	[luχdrāt]
hublot (m)	**patryspoort**	[patrajs·poərt]
batterie (f) solaire	**sonpaneel**	[son·paneəl]
scaphandre (m)	**ruimtepak**	[rœimtə·pak]
apesanteur (f)	**gewigloosheid**	[χeviχloəshæjt]
oxygène (m)	**suurstof**	[sɪrstof]
arrimage (m)	**koppeling**	[koppeliŋ]
s'arrimer à ...	**koppel**	[koppəl]
observatoire (m)	**observatorium**	[observatorium]
télescope (m)	**teleskoop**	[teleskoəp]
observer (vt)	**waarneem**	[vārneəm]
explorer (un cosmos)	**eksploreer**	[ɛksploreər]

165. La Terre

Terre (f)	**die Aarde**	[di ārdə]
globe (m) terrestre	**die aardbol**	[di ārdbol]
planète (f)	**planeet**	[planeət]
atmosphère (f)	**atmosfeer**	[atmosfeər]
géographie (f)	**geografie**	[χeoχrafi]
nature (f)	**natuur**	[natɪr]
globe (m) de table	**aardbol**	[ārd·bol]
carte (f)	**kaart**	[kārt]
atlas (m)	**atlas**	[atlas]
Europe (f)	**Europa**	[øəropa]
Asie (f)	**Asië**	[asiɛ]
Afrique (f)	**Afrika**	[afrika]
Australie (f)	**Australië**	[ɔustraliɛ]
Amérique (f)	**Amerika**	[amerika]
Amérique (f) du Nord	**Noord-Amerika**	[noərd-amerika]
Amérique (f) du Sud	**Suid-Amerika**	[sœid-amerika]
l'Antarctique (m)	**Suidpool**	[sœid·poəl]
l'Arctique (m)	**Noordpool**	[noərd·poəl]

166. Les quatre parties du monde

nord (m)	**noorde**	[noərdə]
vers le nord	**na die noorde**	[na di noərdə]
au nord	**in die noorde**	[in di noərdə]
du nord (adj)	**noordelik**	[noərdəlik]
sud (m)	**suide**	[sœidə]
vers le sud	**na die suide**	[na di sœidə]
au sud	**in die suide**	[in di sœidə]
du sud (adj)	**suidelik**	[sœidəlik]
ouest (m)	**weste**	[vestə]
vers l'occident	**na die weste**	[na di vestə]
à l'occident	**in die weste**	[in di vestə]
occidental (adj)	**westelik**	[vestelik]
est (m)	**ooste**	[oəstə]
vers l'orient	**na die ooste**	[na di oəstə]
à l'orient	**in die ooste**	[in di oəstə]
oriental (adj)	**oostelik**	[oəstəlik]

167. Les océans et les mers

mer (f)	**see**	[seə]
océan (m)	**oseaan**	[oseān]
golfe (m)	**golf**	[χolf]
détroit (m)	**straat**	[strāt]
terre (f) ferme	**land**	[lant]
continent (m)	**kontinent**	[kontinent]
île (f)	**eiland**	[æjlant]
presqu'île (f)	**skiereiland**	[skir·æjlant]
archipel (m)	**argipel**	[arχipəl]
baie (f)	**baai**	[bāi]
port (m)	**hawe**	[havə]
lagune (f)	**strandmeer**	[strand·meər]
cap (m)	**kaap**	[kāp]
atoll (m)	**atol**	[atol]
récif (m)	**rif**	[rif]
corail (m)	**koraal**	[korāl]
récif (m) de corail	**koraalrif**	[korāl·rif]
profond (adj)	**diep**	[dip]
profondeur (f)	**diepte**	[diptə]
abîme (m)	**afgrond**	[afχront]
fosse (f) océanique	**trog**	[troχ]
courant (m)	**stroming**	[stromiŋ]
baigner (vt) (mer)	**omring**	[omriŋ]

littoral (m)	**oewer**	[uvər]
côte (f)	**kus**	[kus]
marée (f) haute	**hoogwater**	[hoəχ·vatər]
marée (f) basse	**laagwater**	[lāχ·vatər]
banc (m) de sable	**sandbank**	[sand·bank]
fond (m)	**bodem**	[bodem]
vague (f)	**golf**	[χolf]
crête (f) de la vague	**kruin**	[krœin]
mousse (f)	**skuim**	[skœim]
tempête (f) en mer	**storm**	[storm]
ouragan (m)	**orkaan**	[orkān]
tsunami (m)	**tsunami**	[tsunami]
calme (m)	**windstilte**	[vindstiltə]
calme (tranquille)	**kalm**	[kalm]
pôle (m)	**pool**	[poəl]
polaire (adj)	**polêr**	[polær]
latitude (f)	**breedtegraad**	[breədtə·χrāt]
longitude (f)	**lengtegraad**	[leŋtə·χrāt]
parallèle (f)	**parallel**	[paralləl]
équateur (m)	**ewenaar**	[ɛvenār]
ciel (m)	**hemel**	[heməl]
horizon (m)	**horison**	[horison]
air (m)	**lug**	[luχ]
phare (m)	**vuurtoring**	[fɪrtoriŋ]
plonger (vi)	**duik**	[dœik]
sombrer (vi)	**sink**	[sink]
trésor (m)	**skatte**	[skattə]

168. Les montagnes

montagne (f)	**berg**	[berχ]
chaîne (f) de montagnes	**bergreeks**	[berχ·reəks]
crête (f)	**bergrug**	[berχ·ruχ]
sommet (m)	**top**	[top]
pic (m)	**piek**	[pik]
pied (m)	**voet**	[fut]
pente (f)	**helling**	[hɛlliŋ]
volcan (m)	**vulkaan**	[fulkān]
volcan (m) actif	**aktiewe vulkaan**	[aktivə fulkān]
volcan (m) éteint	**rustende vulkaan**	[rustendə fulkān]
éruption (f)	**uitbarsting**	[œitbarstiŋ]
cratère (m)	**krater**	[kratər]
magma (m)	**magma**	[maχma]
lave (f)	**lawa**	[lava]

en fusion (lave ~)	**gloeiende**	[χlujendə]
canyon (m)	**diepkloof**	[dip·kloəf]
défilé (m) (gorge)	**kloof**	[kloəf]
crevasse (f)	**skeur**	[skøər]
précipice (m)	**afgrond**	[afχront]
col (m) de montagne	**bergpas**	[berχ·pas]
plateau (m)	**plato**	[plato]
rocher (m)	**krans**	[kraŋs]
colline (f)	**kop**	[kop]
glacier (m)	**gletser**	[χletsər]
chute (f) d'eau	**waterval**	[vatər·fal]
geyser (m)	**geiser**	[χæjsər]
lac (m)	**meer**	[meər]
plaine (f)	**vlakte**	[flaktə]
paysage (m)	**landskap**	[landskap]
écho (m)	**eggo**	[εχχo]
alpiniste (m)	**alpinis**	[alpinis]
varappeur (m)	**bergklimmer**	[berχ·klimmər]
conquérir (vt)	**baasraak**	[bāsrāk]
ascension (f)	**beklimming**	[beklimmiŋ]

169. Les fleuves

rivière (f), fleuve (m)	**rivier**	[rifir]
source (f)	**bron**	[bron]
lit (m) (d'une rivière)	**rivierbed**	[rifir·bet]
bassin (m)	**stroomgebied**	[stroəm·χebit]
se jeter dans ...	**uitmond in ...**	[œitmont in ...]
affluent (m)	**syrivier**	[saj·rifir]
rive (f)	**oewer**	[uvər]
courant (m)	**stroming**	[stromiŋ]
en aval	**stroomafwaarts**	[stroəm·afvārts]
en amont	**stroomopwaarts**	[stroəm·opvārts]
inondation (f)	**oorstroming**	[oərstromiŋ]
les grandes crues	**oorstroming**	[oərstromiŋ]
déborder (vt)	**oor sy walle loop**	[oər saj vallə loəp]
inonder (vt)	**oorstroom**	[oərstroəm]
bas-fond (m)	**sandbank**	[sand·bank]
rapide (m)	**stroomversnellings**	[stroəm·fersnεlliŋs]
barrage (m)	**damwal**	[dam·wal]
canal (m)	**kanaal**	[kanāl]
lac (m) de barrage	**opgaardam**	[opχār·dam]
écluse (f)	**sluis**	[slœis]
plan (m) d'eau	**dam**	[dam]
marais (m)	**moeras**	[muras]

fondrière (f)	**vlei**	[flæj]
tourbillon (m)	**draaikolk**	[drāj·kolk]
ruisseau (m)	**spruit**	[sprœit]
potable (adj)	**drink-**	[drink-]
douce (l'eau ~)	**vars**	[fars]
glace (f)	**ys**	[ajs]
être gelé	**bevries**	[befris]

170. La forêt

forêt (f)	**bos**	[bos]
forestier (adj)	**bos-**	[bos-]
fourré (m)	**woud**	[væʊt]
bosquet (m)	**boord**	[boərt]
clairière (f)	**oopte**	[oəptə]
broussailles (f pl)	**struikgewas**	[strœik·χevas]
taillis (m)	**struikveld**	[strœik·fɛlt]
sentier (m)	**paadjie**	[pādʒi]
ravin (m)	**donga**	[donχa]
arbre (m)	**boom**	[boəm]
feuille (f)	**blaar**	[blār]
feuillage (m)	**blare**	[blarə]
chute (f) de feuilles	**val van die blare**	[fal fan di blarə]
tomber (feuilles)	**val**	[fal]
sommet (m)	**boomtop**	[boəm·top]
rameau (m)	**tak**	[tak]
branche (f)	**tak**	[tak]
bourgeon (m)	**knop**	[knop]
aiguille (f)	**naald**	[nālt]
pomme (f) de pin	**dennebol**	[dɛnnə·bol]
creux (m)	**holte**	[holtə]
nid (m)	**nes**	[nes]
terrier (m) (~ d'un renard)	**gat**	[χat]
tronc (m)	**stam**	[stam]
racine (f)	**wortel**	[vortəl]
écorce (f)	**bas**	[bas]
mousse (f)	**mos**	[mos]
déraciner (vt)	**ontwortel**	[ontwortəl]
abattre (un arbre)	**omkap**	[omkap]
déboiser (vt)	**ontbos**	[ontbos]
souche (f)	**boomstomp**	[boəm·stomp]
feu (m) de bois	**kampvuur**	[kampfɪr]
incendie (m)	**bosbrand**	[bos·brant]

éteindre (feu)	**blus**	[blus]
garde (m) forestier	**boswagter**	[bos·waχtər]
protection (f)	**beskerming**	[beskermiŋ]
protéger (vt)	**beskerm**	[beskerm]
braconnier (m)	**wildstroper**	[vilt·stropər]
piège (m) à mâchoires	**slagyster**	[slaχ·ajstər]
cueillir (vt)	**pluk**	[pluk]
s'égarer (vp)	**verdwaal**	[ferdwāl]

171. Les ressources naturelles

ressources (f pl) naturelles	**natuurlike bronne**	[natɪrlikə bronnə]
minéraux (m pl)	**minerale**	[mineralə]
gisement (m)	**lae**	[laə]
champ (m) (~ pétrolifère)	**veld**	[fɛlt]
extraire (vt)	**myn**	[majn]
extraction (f)	**myn**	[majn]
minerai (m)	**erts**	[ɛrts]
mine (f) (site)	**myn**	[majn]
puits (m) de mine	**mynskag**	[majn·skaχ]
mineur (m)	**mynwerker**	[majn·werkər]
gaz (m)	**gas**	[χas]
gazoduc (m)	**gaspyp**	[χas·pajp]
pétrole (m)	**olie**	[oli]
pipeline (m)	**olipypleiding**	[oli·pajp·læjdiŋ]
tour (f) de forage	**oliebron**	[oli·bron]
derrick (m)	**boortoring**	[boər·toriŋ]
pétrolier (m)	**tenkskip**	[tɛnk·skip]
sable (m)	**sand**	[sant]
calcaire (m)	**kalksteen**	[kalksteən]
gravier (m)	**gruis**	[χrœis]
tourbe (f)	**veengrond**	[feənχront]
argile (f)	**klei**	[klæj]
charbon (m)	**steenkool**	[steən·koəl]
fer (m)	**yster**	[ajstər]
or (m)	**goud**	[χæʊt]
argent (m)	**silwer**	[silwər]
nickel (m)	**nikkel**	[nikkəl]
cuivre (m)	**koper**	[kopər]
zinc (m)	**sink**	[sink]
manganèse (m)	**mangaan**	[manχān]
mercure (m)	**kwik**	[kwik]
plomb (m)	**lood**	[loət]
minéral (m)	**mineraal**	[minerāl]
cristal (m)	**kristal**	[kristal]
marbre (m)	**marmer**	[marmər]
uranium (m)	**uraan**	[urān]

La Terre. Partie 2

172. Le temps

temps (m)	**weer**	[veər]
météo (f)	**weersvoorspelling**	[veərs·foərspɛlliŋ]
température (f)	**temperatuur**	[temperatɪr]
thermomètre (m)	**termometer**	[termometər]
baromètre (m)	**barometer**	[barometər]
humide (adj)	**klam**	[klam]
humidité (f)	**vogtigheid**	[foχtiχæjt]
chaleur (f) (canicule)	**hitte**	[hittə]
torride (adj)	**heet**	[heət]
il fait très chaud	**dis vrekwarm**	[dis frekvarm]
il fait chaud	**dit is warm**	[dit is varm]
chaud (modérément)	**louwarm**	[læʊvarm]
il fait froid	**dis koud**	[dis kæʊt]
froid (adj)	**koud**	[kæʊt]
soleil (m)	**son**	[son]
briller (soleil)	**skyn**	[skajn]
ensoleillé (jour ~)	**sonnig**	[sonnəχ]
se lever (vp)	**opkom**	[opkom]
se coucher (vp)	**ondergaan**	[ondərχān]
nuage (m)	**wolk**	[volk]
nuageux (adj)	**bewolk**	[bevolk]
nuée (f)	**reënwolk**	[reɛn·wolk]
sombre (adj)	**somber**	[sombər]
pluie (f)	**reën**	[reɛn]
il pleut	**dit reën**	[dit reɛn]
pluvieux (adj)	**reënerig**	[reɛnerəχ]
bruiner (v imp)	**motreën**	[motreɛn]
pluie (f) torrentielle	**stortbui**	[stortbœi]
averse (f)	**reënvlaag**	[reɛn·flāχ]
forte (la pluie ~)	**swaar**	[swār]
flaque (f)	**poeletjie**	[puləki]
se faire mouiller	**nat word**	[nat vort]
brouillard (m)	**mis**	[mis]
brumeux (adj)	**mistig**	[mistəχ]
neige (f)	**sneeu**	[sniʊ]
il neige	**dit sneeu**	[dit sniʊ]

173. Les intempéries. Les catastrophes naturelles

orage (m)	**donderstorm**	[dondər·storm]
éclair (m)	**weerlig**	[veərləχ]
éclater (foudre)	**flits**	[flits]
tonnerre (m)	**donder**	[dondər]
gronder (tonnerre)	**donder**	[dondər]
le tonnerre gronde	**dit donder**	[dit dondər]
grêle (f)	**hael**	[haəl]
il grêle	**dit hael**	[dit haəl]
inonder (vt)	**oorstroom**	[oərstroəm]
inondation (f)	**oorstroming**	[oərstromiŋ]
tremblement (m) de terre	**aardbewing**	[ārd·beviŋ]
secousse (f)	**aardskok**	[ārd·skok]
épicentre (m)	**episentrum**	[ɛpisentrum]
éruption (f)	**uitbarsting**	[œitbarstiŋ]
lave (f)	**lawa**	[lava]
tourbillon (m)	**tornado**	[tornado]
tornade (f)	**tornado**	[tornado]
typhon (m)	**tifoon**	[tifoən]
ouragan (m)	**orkaan**	[orkān]
tempête (f)	**storm**	[storm]
tsunami (m)	**tsunami**	[tsunami]
cyclone (m)	**sikloon**	[sikloən]
intempéries (f pl)	**slegte weer**	[sleχtə veər]
incendie (m)	**brand**	[brant]
catastrophe (f)	**ramp**	[ramp]
météorite (m)	**meteoriet**	[meteorit]
avalanche (f)	**lawine**	[lavinə]
éboulement (m)	**sneeulawine**	[sniʊ·lavinə]
blizzard (m)	**sneeustorm**	[sniʊ·storm]
tempête (f) de neige	**sneeustorm**	[sniʊ·storm]

La faune

174. Les mammifères. Les prédateurs

prédateur (m)	**roofdier**	[roəf·dir]
tigre (m)	**tier**	[tir]
lion (m)	**leeu**	[liʊ]
loup (m)	**wolf**	[volf]
renard (m)	**vos**	[fos]
jaguar (m)	**jaguar**	[jaχuar]
léopard (m)	**luiperd**	[lœipert]
guépard (m)	**jagluiperd**	[jaχ·lœipert]
panthère (f)	**swart luiperd**	[swart lœipert]
puma (m)	**poema**	[puma]
léopard (m) de neiges	**sneeuluiperd**	[sniʊ·lœipert]
lynx (m)	**los**	[los]
coyote (m)	**prêriewolf**	[præri·volf]
chacal (m)	**jakkals**	[jakkals]
hyène (f)	**hiëna**	[hiɛna]

175. Les animaux sauvages

animal (m)	**dier**	[dir]
bête (f)	**beest**	[beəst]
écureuil (m)	**eekhoring**	[eəkhoriŋ]
hérisson (m)	**krimpvarkie**	[krimpfarki]
lièvre (m)	**hasie**	[hasi]
lapin (m)	**konyn**	[konajn]
blaireau (m)	**das**	[das]
raton (m)	**wasbeer**	[vasbeər]
hamster (m)	**hamster**	[hamstər]
marmotte (f)	**marmot**	[marmot]
taupe (f)	**mol**	[mol]
souris (f)	**muis**	[mœis]
rat (m)	**rot**	[rot]
chauve-souris (f)	**vlermuis**	[fler·mœis]
hermine (f)	**hermelyn**	[herməlajn]
zibeline (f)	**sabel, sabeldier**	[sabəl], [sabəl·dir]
martre (f)	**marter**	[martər]
belette (f)	**wesel**	[vesəl]
vison (m)	**nerts**	[nerts]

castor (m)	**bewer**	[bevər]
loutre (f)	**otter**	[ottər]
cheval (m)	**perd**	[pert]
élan (m)	**eland**	[ɛlant]
cerf (m)	**hert**	[hert]
chameau (m)	**kameel**	[kameəl]
bison (m)	**bison**	[bison]
aurochs (m)	**wisent**	[visent]
buffle (m)	**buffel**	[buffəl]
zèbre (m)	**sebra, kwagga**	[sebra], [kwaχχa]
antilope (f)	**wildsbok**	[vilds·bok]
chevreuil (m)	**reebok**	[reəbok]
biche (f)	**damhert**	[damhert]
chamois (m)	**gems**	[χems]
sanglier (m)	**wildevark**	[vildə·fark]
baleine (f)	**walvis**	[valfis]
phoque (m)	**seehond**	[seə·hont]
morse (m)	**walrus**	[valrus]
ours (m) de mer	**seebeer**	[seə·beər]
dauphin (m)	**dolfyn**	[dolfajn]
ours (m)	**beer**	[beər]
ours (m) blanc	**ysbeer**	[ajs·beər]
panda (m)	**panda**	[panda]
singe (m)	**aap**	[āp]
chimpanzé (m)	**sjimpansee**	[ʃimpaŋseə]
orang-outang (m)	**orangoetang**	[oranχutaŋ]
gorille (m)	**gorilla**	[χorilla]
macaque (m)	**makaak**	[makāk]
gibbon (m)	**gibbon**	[χibbon]
éléphant (m)	**olifant**	[olifant]
rhinocéros (m)	**renoster**	[renostər]
girafe (f)	**kameelperd**	[kameəl·pert]
hippopotame (m)	**seekoei**	[seə·kui]
kangourou (m)	**kangaroe**	[kanχaru]
koala (m)	**koala**	[koala]
mangouste (f)	**muishond**	[mœis·hont]
chinchilla (m)	**chinchilla, tjintjilla**	[tʃin·tʃila]
mouffette (f)	**stinkmuishond**	[stinkmœis·hont]
porc-épic (m)	**ystervark**	[ajstər·fark]

176. Les animaux domestiques

chat (m) (femelle)	**kat**	[kat]
chat (m) (mâle)	**kater**	[katər]
chien (m)	**hond**	[hont]

cheval (m)	**perd**	[pert]
étalon (m)	**hings**	[hiŋs]
jument (f)	**merrie**	[merri]
vache (f)	**koei**	[kui]
taureau (m)	**bul**	[bul]
bœuf (m)	**os**	[os]
brebis (f)	**skaap**	[skāp]
mouton (m)	**ram**	[ram]
chèvre (f)	**bok**	[bok]
bouc (m)	**bokram**	[bok·ram]
âne (m)	**donkie, esel**	[donki], [eisəl]
mulet (m)	**muil**	[mœil]
cochon (m)	**vark**	[fark]
pourceau (m)	**varkie**	[farki]
lapin (m)	**konyn**	[konajn]
poule (f)	**hoender, hen**	[hundər], [hen]
coq (m)	**haan**	[hān]
canard (m)	**eend**	[eent]
canard (m) mâle	**mannetjieseend**	[mannəkis·eent]
oie (f)	**gans**	[χaŋs]
dindon (m)	**kalkoenmannetjie**	[kalkun·mannəki]
dinde (f)	**kalkoen**	[kalkun]
animaux (m pl) domestiques	**huisdiere**	[hœis·dirə]
apprivoisé (adj)	**mak**	[mak]
apprivoiser (vt)	**mak maak**	[mak māk]
élever (vt)	**teel**	[teəl]
ferme (f)	**plaas**	[plās]
volaille (f)	**pluimvee**	[plœimfeə]
bétail (m)	**beeste**	[beəstə]
troupeau (m)	**kudde**	[kuddə]
écurie (f)	**stal**	[stal]
porcherie (f)	**varkstal**	[fark·stal]
vacherie (f)	**koeistal**	[kui·stal]
cabane (f) à lapins	**konynehok**	[konajnə·hok]
poulailler (m)	**hoenderhok**	[hundər·hok]

177. Le chien. Les races

chien (m)	**hond**	[hont]
berger (m)	**herdershond**	[herdərs·hont]
berger (m) allemand	**Duitse herdershond**	[dœitsə herdərs·hont]
caniche (f)	**poedel**	[pudəl]
teckel (m)	**worshond**	[vors·hont]
bouledogue (m)	**bulhond**	[bul·hont]

boxer (m)	**bokser**	[boksər]
mastiff (m)	**mastiff**	[mastif]
rottweiler (m)	**Rottweiler**	[rottwæjlər]
doberman (m)	**Dobermann**	[dobermann]
basset (m)	**basset**	[basset]
bobtail (m)	**bobtail**	[bobtajl]
dalmatien (m)	**Dalmatiese hond**	[dalmatisə hont]
cocker (m)	**sniphond**	[snip·hont]
terre-neuve (m)	**Newfoundlander**	[njufæʊntlandər]
saint-bernard (m)	**Sint Bernard**	[sint bernart]
husky (m)	**poolhond, husky**	[pulhont], [huski]
chow-chow (m)	**chowchow**	[tʃau·tʃau]
spitz (m)	**spitshond**	[spits·hont]
carlin (m)	**mopshond**	[mops·hont]

178. Les cris des animaux

aboiement (m)	**geblaf**	[χeblaf]
aboyer (vi)	**blaf**	[blaf]
miauler (vi)	**miaau**	[miāu]
ronronner (vi)	**spin**	[spin]
meugler (vi)	**loei**	[lui]
beugler (taureau)	**bulk**	[bulk]
rugir (chien)	**grom**	[χrom]
hurlement (m)	**gehuil**	[χehœil]
hurler (loup)	**huil**	[hœil]
geindre (vi)	**tjank**	[tʃank]
bêler (vi)	**blêr**	[blær]
grogner (cochon)	**snork**	[snork]
glapir (cochon)	**gil**	[χil]
coasser (vi)	**kwaak**	[kwāk]
bourdonner (vi)	**zoem**	[zum]
striduler (vi)	**kriek**	[krik]

179. Les oiseaux

oiseau (m)	**voël**	[foɛl]
pigeon (m)	**duif**	[dœif]
moineau (m)	**mossie**	[mossi]
mésange (f)	**mees**	[meəs]
pie (f)	**ekster**	[ɛkstər]
corbeau (m)	**raaf**	[rāf]
corneille (f)	**kraai**	[krāi]
choucas (m)	**kerkkraai**	[kerk·krāi]

freux (m)	**roek**	[ruk]
canard (m)	**eend**	[eent]
oie (f)	**gans**	[χaŋs]
faisan (m)	**fisant**	[fisant]
aigle (m)	**arend**	[arɛnt]
épervier (m)	**sperwer**	[sperwər]
faucon (m)	**valk**	[falk]
vautour (m)	**aasvoël**	[āsfoɛl]
condor (m)	**kondor**	[kondor]
cygne (m)	**swaan**	[swān]
grue (f)	**kraanvoël**	[krān·foɛl]
cigogne (f)	**ooievaar**	[ojefār]
perroquet (m)	**papegaai**	[papəχāi]
colibri (m)	**kolibrie**	[kolibri]
paon (m)	**pou**	[pæʊ]
autruche (f)	**volstruis**	[folstrœis]
héron (m)	**reier**	[ræjer]
flamant (m)	**flamink**	[flamink]
pélican (m)	**pelikaan**	[pelikān]
rossignol (m)	**nagtegaal**	[naχteχāl]
hirondelle (f)	**swael**	[swaəl]
merle (m)	**lyster**	[lajstər]
grive (f)	**sanglyster**	[saŋlajstər]
merle (m) noir	**merel**	[merəl]
martinet (m)	**windswael**	[vindswaəl]
alouette (f) des champs	**lewerik**	[leverik]
caille (f)	**kwartel**	[kwartəl]
pivert (m)	**speg**	[speχ]
coucou (m)	**koekoek**	[kukuk]
chouette (f)	**uil**	[œil]
hibou (m)	**ooruil**	[oərœil]
tétras (m)	**auerhoen**	[ɔuer·hun]
tétras-lyre (m)	**korhoen**	[korhun]
perdrix (f)	**patrys**	[patrajs]
étourneau (m)	**spreeu**	[spriʊ]
canari (m)	**kanarie**	[kanari]
gélinotte (f) des bois	**bonasa hoen**	[bonasa hun]
pinson (m)	**gryskoppie**	[χrajskoppi]
bouvreuil (m)	**bloedvink**	[bludfink]
mouette (f)	**seemeeu**	[seəmiʊ]
albatros (m)	**albatros**	[albatros]
pingouin (m)	**pikkewyn**	[pikkəvajn]

180. Les oiseaux. Le chant, les cris

chanter (vi)	**fluit**	[flœit]
crier (vi)	**roep**	[rup]
chanter (le coq)	**kraai**	[krāi]
cocorico (m)	**koekelekoe**	[kukeleku]
glousser (vi)	**kekkel**	[kɛkkəl]
croasser (vi)	**kras**	[kras]
cancaner (vi)	**kwaak**	[kwāk]
piauler (vi)	**piep**	[pip]
pépier (vi)	**tjilp**	[ʧilp]

181. Les poissons. Les animaux marins

brème (f)	**brasem**	[brasem]
carpe (f)	**karp**	[karp]
perche (f)	**baars**	[bārs]
silure (m)	**katvis, seebaber**	[katfis], [seə·babər]
brochet (m)	**snoek**	[snuk]
saumon (m)	**salm**	[salm]
esturgeon (m)	**steur**	[støər]
hareng (m)	**haring**	[hariŋ]
saumon (m) atlantique	**atlantiese salm**	[atlantisə salm]
maquereau (m)	**makriel**	[makril]
flet (m)	**platvis**	[platfis]
sandre (f)	**varswatersnoek**	[farswatər·snuk]
morue (f)	**kabeljou**	[kabeljæʊ]
thon (m)	**tuna**	[tuna]
truite (f)	**forel**	[forəl]
anguille (f)	**paling**	[paliŋ]
torpille (f)	**drilvis**	[drilfis]
murène (f)	**bontpaling**	[bontpaliŋ]
piranha (m)	**piranha**	[piranha]
requin (m)	**haai**	[hāi]
dauphin (m)	**dolfyn**	[dolfajn]
baleine (f)	**walvis**	[valfis]
crabe (m)	**krap**	[krap]
méduse (f)	**jellievis**	[jelli·fis]
pieuvre (f), poulpe (m)	**seekat**	[seə·kat]
étoile (f) de mer	**seester**	[seə·stər]
oursin (m)	**see-egel, seekastaiing**	[seə-eχel], [seə·kastajiŋ]
hippocampe (m)	**seeperdjie**	[seə·perʤi]
huître (f)	**oester**	[ustər]
crevette (f)	**garnaal**	[χarnāl]

homard (m)	**kreef**	[kreəf]
langoustine (f)	**seekreef**	[seə·kreəf]

182. Les amphibiens. Les reptiles

serpent (m)	**slang**	[slaŋ]
venimeux (adj)	**giftig**	[χiftəχ]
vipère (f)	**adder**	[addər]
cobra (m)	**kobra**	[kobra]
python (m)	**luislang**	[lœislaŋ]
boa (m)	**boa, konstriktorslang**	[boa], [kɔŋstriktor·slaŋ]
couleuvre (f)	**ringslang**	[riŋ·slaŋ]
serpent (m) à sonnettes	**ratelslang**	[ratəl·slaŋ]
anaconda (m)	**anakonda**	[anakonda]
lézard (m)	**akkedis**	[akkedis]
iguane (m)	**leguaan**	[leχuān]
varan (m)	**likkewaan**	[likkevān]
salamandre (f)	**salamander**	[salamandər]
caméléon (m)	**verkleurmannetjie**	[ferkløər·manneki]
scorpion (m)	**skerpioen**	[skerpiun]
tortue (f)	**skilpad**	[skilpat]
grenouille (f)	**padda**	[padda]
crapaud (m)	**brulpadda**	[brul·padda]
crocodile (m)	**krokodil**	[krokodil]

183. Les insectes

insecte (m)	**insek**	[insek]
papillon (m)	**skoenlapper**	[skunlappər]
fourmi (f)	**mier**	[mir]
mouche (f)	**vlieg**	[fliχ]
moustique (m)	**muskiet**	[muskit]
scarabée (m)	**kewer**	[kevər]
guêpe (f)	**perdeby**	[perdə·baj]
abeille (f)	**by**	[baj]
bourdon (m)	**hommelby**	[hommәl·baj]
œstre (m)	**perdevlieg**	[perdə·fliχ]
araignée (f)	**spinnekop**	[spinnə·kop]
toile (f) d'araignée	**spinnerak**	[spinnə·rak]
libellule (f)	**naaldekoker**	[nāldə·kokər]
sauterelle (f)	**sprinkaan**	[sprinkān]
papillon (m)	**mot**	[mot]
cafard (m)	**kakkerlak**	[kakkerlak]
tique (f)	**bosluis**	[boslœis]

puce (f)	**vlooi**	[floj]
moucheron (m)	**muggie**	[muχχi]
criquet (m)	**treksprinkhaan**	[trek·sprinkhān]
escargot (m)	**slak**	[slak]
grillon (m)	**kriek**	[krik]
luciole (f)	**vuurvliegie**	[fɪrfliχi]
coccinelle (f)	**lieweheersbesie**	[liveheərs·besi]
hanneton (m)	**lentekewer**	[lentekevər]
sangsue (f)	**bloedsuier**	[blud·sœiər]
chenille (f)	**ruspe**	[ruspə]
ver (m)	**erdwurm**	[ɛrd·vurm]
larve (f)	**larwe**	[larvə]

184. Les parties du corps des animaux

bec (m)	**snawel**	[snavəl]
ailes (f pl)	**vlerke**	[flerkə]
patte (f)	**poot**	[poət]
plumage (m)	**vere**	[ferə]
plume (f)	**veer**	[feər]
houppe (f)	**kuif**	[kœif]
ouïes (f pl)	**kiewe**	[kivə]
œufs (m pl)	**viseiers**	[fisæjers]
larve (f)	**larwe**	[larvə]
nageoire (f)	**vin**	[fin]
écaille (f)	**skubbe**	[skubbə]
croc (m)	**slagtand**	[slaχtant]
patte (f)	**poot**	[poət]
museau (m)	**muil**	[mœil]
gueule (f)	**bek**	[bek]
queue (f)	**stert**	[stert]
moustaches (f pl)	**snor**	[snor]
sabot (m)	**hoef**	[huf]
corne (f)	**horing**	[horiŋ]
carapace (f)	**rugdop**	[ruχdop]
coquillage (m)	**skulp**	[skulp]
coquille (f) d'œuf	**eierdop**	[æjer·dop]
poil (m)	**pels**	[pɛls]
peau (f)	**vel**	[fəl]

185. Les habitats des animaux

habitat (m) naturel	**habitat**	[habitat]
migration (f)	**migrasie**	[miχrasi]
montagne (f)	**berg**	[berχ]

récif (m)	**rif**	[rif]
rocher (m)	**rots**	[rots]
forêt (f)	**woud**	[væʊt]
jungle (f)	**oerwoud**	[urwæʊt]
savane (f)	**veld**	[fɛlt]
toundra (f)	**toendra**	[tundra]
steppe (f)	**steppe**	[stɛppə]
désert (m)	**woestyn**	[vustajn]
oasis (f)	**oase**	[oasə]
mer (f)	**see**	[seə]
lac (m)	**meer**	[meər]
océan (m)	**oseaan**	[oseān]
marais (m)	**moeras**	[muras]
d'eau douce (adj)	**varswater**	[fars·vatər]
étang (m)	**dam**	[dam]
rivière (f), fleuve (m)	**rivier**	[rifir]
tanière (f)	**hol**	[hol]
nid (m)	**nes**	[nes]
creux (m)	**holte**	[holtə]
terrier (m) (~ d'un renard)	**gat**	[χat]
fourmilière (f)	**miershoop**	[mirs·hoəp]

La flore

186. Les arbres

arbre (m)	**boom**	[boəm]
à feuilles caduques	**bladwisselend**	[bladwisselent]
conifère (adj)	**kegeldraend**	[keχɛldraent]
à feuilles persistantes	**immergroen**	[immərχrun]
pommier (m)	**appelboom**	[appɛl·boəm]
poirier (m)	**peerboom**	[peər·boəm]
merisier (m)	**soetkersieboom**	[sutkersi·boəm]
cerisier (m)	**suurkersieboom**	[sɪrkersi·boəm]
prunier (m)	**pruimeboom**	[prœimə·boəm]
bouleau (m)	**berk**	[berk]
chêne (m)	**eik**	[æjk]
tilleul (m)	**lindeboom**	[lində·boəm]
tremble (m)	**trilpopulier**	[trilpopulir]
érable (m)	**esdoring**	[ɛsdoriŋ]
épicéa (m)	**spar**	[spar]
pin (m)	**denneboom**	[dɛnnə·boəm]
mélèze (m)	**lorkeboom**	[lorkə·boəm]
sapin (m)	**den**	[den]
cèdre (m)	**seder**	[sedər]
peuplier (m)	**populier**	[populir]
sorbier (m)	**lysterbessie**	[lajstərbɛssi]
saule (m)	**wilger**	[vilχər]
aune (m)	**els**	[ɛls]
hêtre (m)	**beuk**	[bøək]
orme (m)	**olm**	[olm]
frêne (m)	**esboom**	[ɛs·boəm]
marronnier (m)	**kastaiing**	[kastajiŋ]
magnolia (m)	**magnolia**	[maχnolia]
palmier (m)	**palm**	[palm]
cyprès (m)	**sipres**	[sipres]
palétuvier (m)	**wortelboom**	[vortəl·boəm]
baobab (m)	**kremetart**	[kremetart]
eucalyptus (m)	**bloekom**	[blukom]
séquoia (m)	**mammoetboom**	[mammut·boəm]

187. Les arbustes

buisson (m)	**struik**	[strœik]
arbrisseau (m)	**bossie**	[bossi]

vigne (f)	**wingerdstok**	[viŋərd·stok]
vigne (f) (vignoble)	**wingerd**	[viŋərt]
framboise (f)	**framboosstruik**	[framboəs·strœik]
cassis (m)	**swartbessiestruik**	[swartbɛssi·strœik]
groseille (f) rouge	**rooi aalbessiestruik**	[roj ālbɛssi·strœik]
groseille (f) verte	**appelliefiestruik**	[appɛllifi·strœik]
acacia (m)	**akasia**	[akasia]
berbéris (m)	**suurbessie**	[sɪr·bɛssi]
jasmin (m)	**jasmyn**	[jasmajn]
genévrier (m)	**jenewer**	[jenevər]
rosier (m)	**roosstruik**	[roəs·strœik]
églantier (m)	**hondsroos**	[honds·roəs]

188. Les champignons

champignon (m)	**paddastoel**	[paddastul]
champignon (m) comestible	**eetbare paddastoel**	[eətbarə paddastul]
champignon (m) vénéneux	**giftige paddastoel**	[χiftiχə paddastul]
chapeau (m)	**hoed**	[hut]
pied (m)	**steel**	[steəl]
cèpe (m)	**Eetbare boleet**	[eətbarə boleət]
bolet (m) orangé	**rooihoed**	[rojhut]
bolet (m) bai	**berkboleet**	[berk·boleət]
girolle (f)	**dooierswam**	[dojer·swam]
russule (f)	**russula**	[russula]
morille (f)	**morielje**	[morilje]
amanite (f) tue-mouches	**vlieëswam**	[fliɛ·swam]
oronge (f) verte	**duiwelsbrood**	[dœivɛls·broət]

189. Les fruits. Les baies

fruit (m)	**vrug**	[fruχ]
fruits (m pl)	**vrugte**	[fruχtə]
pomme (f)	**appel**	[appəl]
poire (f)	**peer**	[peər]
prune (f)	**pruim**	[prœim]
fraise (f)	**aarbei**	[ārbæj]
cerise (f)	**suurkersie**	[sɪr·kersi]
merise (f)	**soetkersie**	[sut·kersi]
raisin (m)	**druif**	[drœif]
framboise (f)	**framboos**	[framboəs]
cassis (m)	**swartbessie**	[swartbɛssi]
groseille (f) rouge	**rooi aalbessie**	[roj ālbɛssi]
groseille (f) verte	**appelliefie**	[appɛllifi]

canneberge (f)	**bosbessie**	[bosbɛssi]
orange (f)	**lemoen**	[lemun]
mandarine (f)	**nartjie**	[narki]
ananas (m)	**pynappel**	[pajnappəl]
banane (f)	**piesang**	[pisaŋ]
datte (f)	**dadel**	[dadəl]
citron (m)	**suurlemoen**	[sɪr·lemun]
abricot (m)	**appelkoos**	[appɛlkoəs]
pêche (f)	**perske**	[perskə]
kiwi (m)	**kiwi, kiwivrug**	[kivi], [kivi·fruχ]
pamplemousse (m)	**pomelo**	[pomelo]
baie (f)	**bessie**	[bɛssi]
baies (f pl)	**bessies**	[bɛssis]
airelle (f) rouge	**pryselbessie**	[prajsɛlbɛssi]
fraise (f) des bois	**wilde aarbei**	[vildə ārbæj]
myrtille (f)	**bloubessie**	[blæʊbɛssi]

190. Les fleurs. Les plantes

fleur (f)	**blom**	[blom]
bouquet (m)	**boeket**	[buket]
rose (f)	**roos**	[roəs]
tulipe (f)	**tulp**	[tulp]
oeillet (m)	**angelier**	[anχəlir]
glaïeul (m)	**swaardlelie**	[swārd·leli]
bleuet (m)	**koringblom**	[koriŋblom]
campanule (f)	**grasklokkie**	[χras·klokki]
dent-de-lion (f)	**perdeblom**	[perdə·blom]
marguerite (f)	**kamille**	[kamillə]
aloès (m)	**aalwyn**	[ālwajn]
cactus (m)	**kaktus**	[kaktus]
ficus (m)	**rubberplant**	[rubbər·plant]
lis (m)	**lelie**	[leli]
géranium (m)	**malva**	[malfa]
jacinthe (f)	**hiasint**	[hiasint]
mimosa (m)	**mimosa**	[mimosa]
jonquille (f)	**narsing**	[narsiŋ]
capucine (f)	**kappertjie**	[kapperki]
orchidée (f)	**orgidee**	[orχideə]
pivoine (f)	**pinksterroos**	[pinkstər·roəs]
violette (f)	**viooltjie**	[fioəlki]
pensée (f)	**gesiggie**	[χesiχi]
myosotis (m)	**vergeet-my-nietjie**	[ferχeət-maj-niki]
pâquerette (f)	**madeliefie**	[madelifi]
coquelicot (m)	**papawer**	[papavər]

chanvre (m)	**hennep**	[hɛnnəp]
menthe (f)	**kruisement**	[krœisəment]
muguet (m)	**dallelie**	[dalleli]
perce-neige (f)	**sneeuklokkie**	[sniʊ·klokki]
ortie (f)	**brandnetel**	[brant·netəl]
oseille (f)	**veldsuring**	[fɛltsuriŋ]
nénuphar (m)	**waterlelie**	[vatər·leli]
fougère (f)	**varing**	[fariŋ]
lichen (m)	**korsmos**	[korsmos]
serre (f) tropicale	**broeikas**	[bruikas]
gazon (m)	**grasperk**	[χras·perk]
parterre (m) de fleurs	**blombed**	[blom·bet]
plante (f)	**plant**	[plant]
herbe (f)	**gras**	[χras]
brin (m) d'herbe	**grasspriet**	[χras·sprit]
feuille (f)	**blaar**	[blãr]
pétale (m)	**kroonblaar**	[kroən·blãr]
tige (f)	**stingel**	[stiŋəl]
tubercule (m)	**knol**	[knol]
pousse (f)	**saailing**	[sãjliŋ]
épine (f)	**doring**	[doriŋ]
fleurir (vi)	**bloei**	[blui]
se faner (vp)	**verlep**	[ferlep]
odeur (f)	**reuk**	[røək]
couper (vt)	**sny**	[snaj]
cueillir (fleurs)	**pluk**	[pluk]

191. Les cêrêales

grains (m pl)	**graan**	[χrãn]
céréales (f pl) (plantes)	**graangewasse**	[χrãn·χəwassə]
épi (m)	**aar**	[ãr]
blé (m)	**koring**	[koriŋ]
seigle (m)	**rog**	[roχ]
avoine (f)	**hawer**	[havər]
millet (m)	**gierst**	[χirst]
orge (f)	**gars**	[χars]
maïs (m)	**mielie**	[mili]
riz (m)	**rys**	[rajs]
sarrasin (m)	**bokwiet**	[bokwit]
pois (m)	**ertjie**	[ɛrki]
haricot (m)	**nierboon**	[nir·boən]
soja (m)	**soja**	[soja]
lentille (f)	**lensie**	[lɛŋsi]
fèves (f pl)	**boontjies**	[boənkis]

LA GÉOGRAPHIE RÉGIONALE

Les pays du monde. Les nationalités

192. La politique. Le gouvernement. Partie 1

politique (f)	**politiek**	[politik]
politique (adj)	**politieke**	[politikə]
homme (m) politique	**politikus**	[politikus]
état (m)	**staat**	[stāt]
citoyen (m)	**burger**	[burgər]
citoyenneté (f)	**burgerskap**	[burgərskap]
armoiries (f pl) nationales	**nasionale wapen**	[naʃionalə vapen]
hymne (m) national	**volkslied**	[folkslit]
gouvernement (m)	**regering**	[reχeriŋ]
chef (m) d'état	**staatshoof**	[stāts·hoəf]
parlement (m)	**parlement**	[parlement]
parti (m)	**partij**	[partij]
capitalisme (m)	**kapitalisme**	[kapitalismə]
capitaliste (adj)	**kapitalis**	[kapitalis]
socialisme (m)	**sosialisme**	[soʃialisme]
socialiste (adj)	**sosialis**	[soʃialis]
communisme (m)	**kommunisme**	[kommunismə]
communiste (adj)	**kommunis**	[kommunis]
communiste (m)	**kommunis**	[kommunis]
démocratie (f)	**demokrasie**	[demokrasi]
démocrate (m)	**demokraat**	[demokrāt]
démocratique (adj)	**demokraties**	[demokratis]
parti (m) démocratique	**Demokratiese party**	[demokratisə partaj]
libéral (m)	**liberaal**	[liberāl]
libéral (adj)	**liberaal**	[liberāl]
conservateur (m)	**konservatief**	[kɔŋserfatif]
conservateur (adj)	**konservatief**	[kɔŋserfatif]
république (f)	**republiek**	[republik]
républicain (m)	**republikein**	[republikæjn]
parti (m) républicain	**Republikeinse Party**	[republikæjnsə partaj]
élections (f pl)	**verkiesings**	[ferkisiŋs]
élire (vt)	**verkies**	[ferkis]

électeur (m)	**kieser**	[kisər]
campagne (f) électorale	**verkiesingskampanje**	[ferkisiŋs·kampanje]
vote (m)	**stemming**	[stɛmmiŋ]
voter (vi)	**stem**	[stem]
droit (m) de vote	**stemreg**	[stem·reχ]
candidat (m)	**kandidaat**	[kandidāt]
campagne (f)	**kampanje**	[kampanje]
d'opposition (adj)	**opposisie**	[opposisi]
opposition (f)	**opposisie**	[opposisi]
visite (f)	**besoek**	[besuk]
visite (f) officielle	**amptelike besoek**	[amptelikə besuk]
international (adj)	**internasionaal**	[internaʃionāl]
négociations (f pl)	**onderhandelinge**	[ondərhandeliŋə]
négocier (vi)	**onderhandel**	[ondərhandəl]

193. La politique. Le gouvernement. Partie 2

société (f)	**samelewing**	[samelevɪŋ]
constitution (f)	**grondwet**	[χront·wet]
pouvoir (m)	**mag**	[maχ]
corruption (f)	**korrupsie**	[korrupsi]
loi (f)	**wet**	[vet]
légal (adj)	**wetlik**	[vetlik]
justice (f)	**geregtigheid**	[χereχtiχæjt]
juste (adj)	**regverdig**	[reχferdəχ]
comité (m)	**komitee**	[komiteə]
projet (m) de loi	**wetsontwerp**	[vetsontwerp]
budget (m)	**begroting**	[beχrotiŋ]
politique (f)	**beleid**	[belæjt]
réforme (f)	**hervorming**	[herformiŋ]
radical (adj)	**radikaal**	[radikāl]
puissance (f)	**mag**	[maχ]
puissant (adj)	**magtig**	[maχtəχ]
partisan (m)	**ondersteuner**	[ondərstøənər]
influence (f)	**invloed**	[influt]
régime (m)	**bewind**	[bevint]
conflit (m)	**konflik**	[konflik]
complot (m)	**sameswering**	[sameswerɪŋ]
provocation (f)	**uitdaging**	[œitdaχiŋ]
renverser (le régime)	**omvergooi**	[omferχoj]
renversement (m)	**omvergooi**	[omferχoj]
révolution (f)	**revolusie**	[refolusi]
coup (m) d'État	**staatsgreep**	[stāts·χreəp]

coup (m) d'État militaire	**militêre staatsgreep**	[militærə stātsχreəp]
crise (f)	**krisis**	[krisis]
baisse (f) économique	**ekonomiese agteruitgang**	[ɛkonomisə aχtər·œitχaŋ]
manifestant (m)	**betoër**	[betoɛr]
manifestation (f)	**demonstrasie**	[demɔŋstrasi]
loi (f) martiale	**krygswet**	[krajχs·wet]
base (f) militaire	**militêre basis**	[militærə basis]
stabilité (f)	**stabiliteit**	[stabilitæjt]
stable (adj)	**stabiel**	[stabil]
exploitation (f)	**uitbuiting**	[œitbœitiŋ]
exploiter (vt)	**uitbuit**	[œitbœit]
racisme (m)	**rassisme**	[rassismə]
raciste (m)	**rassis**	[rassis]
fascisme (m)	**fascisme**	[faʃismə]
fasciste (m)	**fascis**	[faʃis]

194. Les différents pays du monde. Divers

étranger (m)	**vreemdeling**	[freəmdeliŋ]
étranger (adj)	**vreemd**	[freəmt]
à l'étranger (adv)	**in die buiteland**	[in di bœitəlant]
émigré (m)	**emigrant**	[ɛmiχrant]
émigration (f)	**emigrasie**	[ɛmiχrasi]
émigrer (vi)	**emigreer**	[ɛmiχreər]
Ouest (m)	**die Weste**	[di vestə]
Est (m)	**die Ooste**	[di oəstə]
Extrême Orient (m)	**die Verre Ooste**	[di ferrə oəstə]
civilisation (f)	**beskawing**	[beskaviŋ]
humanité (f)	**mensdom**	[mɛŋsdom]
monde (m)	**die wêreld**	[di værəlt]
paix (f)	**vrede**	[fredə]
mondial (adj)	**wêreldwyd**	[værəlt·wajt]
patrie (f)	**vaderland**	[fadər·lant]
peuple (m)	**volk**	[folk]
population (f)	**bevolking**	[befolkiŋ]
gens (m pl)	**mense**	[mɛŋsə]
nation (f)	**nasie**	[nasi]
génération (f)	**generasie**	[χenerasi]
territoire (m)	**gebied**	[χebit]
région (f)	**streek**	[streək]
état (m) (partie du pays)	**staat**	[stāt]
tradition (f)	**tradisie**	[tradisi]
coutume (f)	**gebruik**	[χebrœik]
écologie (f)	**ekologie**	[ɛkoloχi]
indien (m)	**Indiaan**	[indiān]

bohémien (m)	**Sigeuner**	[siχøənər]
bohémienne (f)	**Sigeunerin**	[siχøənərin]
bohémien (adj)	**sigeuner-**	[siχøənər-]
empire (m)	**rijk**	[rijk]
colonie (f)	**kolonie**	[koloni]
esclavage (m)	**slawerny**	[slavərnaj]
invasion (f)	**invasie**	[infasi]
famine (f)	**hongersnood**	[hoŋərsnoət]

195. Les groupes religieux. Les confessions

religion (f)	**godsdiens**	[χodsdiŋs]
religieux (adj)	**godsdienstig**	[χodsdiŋstəχ]
foi (f)	**geloof**	[χeloəf]
croire (en Dieu)	**glo**	[χlo]
croyant (m)	**gelowige**	[χeloviχə]
athéisme (m)	**ateïsme**	[ateïsmə]
athée (m)	**ateïs**	[ateïs]
christianisme (m)	**Christendom**	[χristəndom]
chrétien (m)	**Christen**	[χristən]
chrétien (adj)	**Christelik**	[χristəlik]
catholicisme (m)	**Katolisisme**	[katolisismə]
catholique (m)	**Katoliek**	[katolik]
catholique (adj)	**katoliek**	[katolik]
protestantisme (m)	**Protestantisme**	[protestantismə]
Église (f) protestante	**Protestantse Kerk**	[protestantsə kerk]
protestant (m)	**Protestant**	[protestant]
Orthodoxie (f)	**Ortodoksie**	[ortodoksi]
Église (f) orthodoxe	**Ortodokse Kerk**	[ortodoksə kerk]
orthodoxe (m)	**Ortodoks**	[ortodoks]
Presbytérianisme (m)	**Presbiterianisme**	[presbiterianismə]
Église (f) presbytérienne	**Presbiteriaanse Kerk**	[presbiteriāŋsə kerk]
presbytérien (m)	**Presbiteriaan**	[presbitəriān]
Église (f) luthérienne	**Lutheranisme**	[luteranismə]
luthérien (m)	**Lutheraan**	[lutərān]
Baptisme (m)	**Baptistiese Kerk**	[baptistisə kerk]
baptiste (m)	**Baptis**	[baptis]
Église (f) anglicane	**Anglikaanse Kerk**	[anχlikāŋsə kerk]
anglican (m)	**Anglikaan**	[anχlikān]
Mormonisme (m)	**Mormonisme**	[mormonismə]
mormon (m)	**Mormoon**	[mormoən]
judaïsme (m)	**Jodendom**	[jodɛndom]

juif (m)	**Jood**	[joət]
Bouddhisme (m)	**Boeddhisme**	[buddismə]
bouddhiste (m)	**Boeddhis**	[buddis]
hindouisme (m)	**Hindoeïsme**	[hinduïsmə]
hindouiste (m)	**Hindoe**	[hindu]
islam (m)	**Islam**	[islam]
musulman (m)	**Islamiet**	[islamit]
musulman (adj)	**Islamities**	[islamitis]
Chiisme (m)	**Sjia Islam**	[ʃia islam]
chiite (m)	**Sjiït**	[ʃiït]
Sunnisme (m)	**Sunni Islam**	[sunni islam]
sunnite (m)	**Sunniet**	[sunnit]

196. Les principales religions. Le clergé

prêtre (m)	**priester**	[pristər]
Pape (m)	**die Pous**	[di pæʊs]
moine (m)	**monnik**	[monnik]
bonne sœur (f)	**non**	[non]
pasteur (m)	**pastoor**	[pastoər]
abbé (m)	**ab**	[ap]
vicaire (m)	**priester**	[pristər]
évêque (m)	**biskop**	[biskop]
cardinal (m)	**kardinaal**	[kardināl]
prédicateur (m)	**predikant**	[predikant]
sermon (m)	**preek**	[preək]
paroissiens (m pl)	**kerkgangers**	[kerk·χaŋərs]
croyant (m)	**gelowige**	[χeloviχə]
athée (m)	**ateïs**	[ateïs]

197. La foi. Le Christianisme. L'Islam

Adam	**Adam**	[adam]
Ève	**Eva**	[efa]
Dieu (m)	**God**	[χot]
le Seigneur	**die Here**	[di herə]
le Tout-Puissant	**die Almagtige**	[di almaχtiχə]
péché (m)	**sonde**	[sondə]
pécher (vi)	**sondig**	[sondəχ]
pécheur (m)	**sondaar**	[sondār]
pécheresse (f)	**sondares**	[sondares]
enfer (m)	**hel**	[həl]

paradis (m)	**paradys**	[paradajs]
Jésus	**Jesus**	[jesus]
Jésus Christ	**Jesus Christus**	[jesus χristus]
le Saint-Esprit	**die Heilige Gees**	[di hæjliχə χeəs]
le Sauveur	**die Verlosser**	[di ferlossər]
la Sainte Vierge	**die Maagd Maria**	[di māχt maria]
le Diable	**die duiwel**	[di dœivəl]
diabolique (adj)	**duiwels**	[dœivɛls]
Satan	**Satan**	[satan]
satanique (adj)	**satanies**	[satanis]
ange (m)	**engel**	[ɛŋəl]
ange (m) gardien	**beskermengel**	[beskerm·eŋəl]
angélique (adj)	**engelagtig**	[ɛŋəlaχtəχ]
apôtre (m)	**apostel**	[apostəl]
archange (m)	**aartsengel**	[ārtseŋəl]
antéchrist (m)	**die antichris**	[di antiχris]
Église (f)	**Kerk**	[kerk]
Bible (f)	**Bybel**	[bajbəl]
biblique (adj)	**bybels**	[bajbəls]
Ancien Testament (m)	**Ou Testament**	[æʊ testament]
Nouveau Testament (m)	**Nuwe Testament**	[nuvə testament]
Évangile (m)	**evangelie**	[ɛfanχəli]
Sainte Écriture (f)	**Heilige Skrif**	[hæjliχə skrif]
Cieux (m pl)	**hemel**	[heməl]
commandement (m)	**gebod**	[χebot]
prophète (m)	**profeet**	[profeət]
prophétie (f)	**profesie**	[profesi]
Allah	**Allah**	[allah]
Mahomet	**Mohammed**	[mohammet]
le Coran	**die Koran**	[di koran]
mosquée (f)	**moskee**	[moskeə]
mulla (m)	**moella**	[mulla]
prière (f)	**gebed**	[χebet]
prier (~ Dieu)	**bid**	[bit]
pèlerinage (m)	**pelgrimstog**	[pɛlχrimstoχ]
pèlerin (m)	**pelgrim**	[pɛlχrim]
La Mecque	**Mecca**	[mɛkka]
église (f)	**kerk**	[kerk]
temple (m)	**tempel**	[tempəl]
cathédrale (f)	**katedraal**	[katedrāl]
gothique (adj)	**Goties**	[χotiɕ]
synagogue (f)	**sinagoge**	[sinaχoχə]
mosquée (f)	**moskee**	[moskeə]
chapelle (f)	**kapel**	[kapəl]
abbaye (f)	**abdy**	[abdaj]

couvent (m)	**klooster**	[kloəstər]
monastère (m)	**klooster**	[kloəstər]
cloche (f)	**klok**	[klok]
clocher (m)	**kloktoring**	[klok·toriŋ]
sonner (vi)	**lui**	[lœi]
croix (f)	**kruis**	[krœis]
coupole (f)	**koepel**	[kupəl]
icône (f)	**ikoon**	[ikoən]
âme (f)	**siel**	[sil]
sort (m) (destin)	**noodlot**	[noədlot]
mal (m)	**die bose**	[di bosə]
bien (m)	**goed**	[χut]
vampire (m)	**vampier**	[fampir]
sorcière (f)	**heks**	[heks]
démon (m)	**demoon**	[demoən]
esprit (m)	**gees**	[χeəs]
rachat (m)	**versoening**	[fersuniŋ]
racheter (pécheur)	**verlos**	[ferlos]
office (m), messe (f)	**kerkdies**	[kerkdis]
dire la messe	**die mis opdra**	[di mis opdra]
confession (f)	**bieg**	[biχ]
se confesser (vp)	**bieg**	[biχ]
saint (m)	**heilige**	[hæjliχə]
sacré (adj)	**heilig**	[hæjləχ]
l'eau bénite	**wywater**	[vaj·vatər]
rite (m)	**ritueel**	[ritueəl]
rituel (adj)	**ritueel**	[ritueəl]
sacrifice (m)	**offerande**	[offerandə]
superstition (f)	**bygeloof**	[bajχəloəf]
superstitieux (adj)	**bygelowig**	[bajχəlovəχ]
vie (f) après la mort	**hiernamaals**	[hirna·māls]
vie (f) éternelle	**ewige lewe**	[ɛviχə levə]

DIVERS

198. Quelques mots et formules utiles

aide (f)	**hulp**	[hulp]
arrêt (m) (pause)	**pouse**	[pæʊsə]
balance (f)	**balans**	[balaŋs]
barrière (f)	**hindernis**	[hindərnis]
base (f)	**basis**	[basis]
catégorie (f)	**kategorie**	[kateχori]
cause (f)	**rede**	[redə]
choix (m)	**keuse**	[køəsə]
chose (f) (objet)	**ding**	[diŋ]
coïncidence (f)	**toeval**	[tufal]
comparaison (f)	**vergelyking**	[ferχelajkiŋ]
compensation (f)	**kompensasie**	[kompɛnsasi]
confortable (adj)	**gemaklik**	[χemaklik]
croissance (f)	**groei**	[χrui]
début (m)	**begin**	[beχin]
degré (m) (~ de liberté)	**graad**	[χrāt]
développement (m)	**ontwikkeling**	[ontwikkeliŋ]
différence (f)	**verskil**	[ferskil]
d'urgence (adv)	**dringend**	[driŋəŋ]
effet (m)	**effek**	[ɛffek]
effort (m)	**inspanning**	[inspanniŋ]
élément (m)	**element**	[ɛlement]
exemple (m)	**voorbeeld**	[foərbeəlt]
fait (m)	**feit**	[fæjt]
faute, erreur (f)	**fout**	[fæʊt]
fin (f)	**einde**	[æjndə]
fond (m) (arrière-plan)	**agtergrond**	[aχtərχront]
forme (f)	**vorm**	[form]
fréquent (adj)	**gereeld**	[χereəlt]
genre (m) (type, sorte)	**tipe**	[tipə]
idéal (m)	**ideaal**	[ideāl]
labyrinthe (m)	**labirint**	[labirint]
mode (m) (méthode)	**manier**	[manir]
moment (m)	**moment**	[moment]
objet (m)	**objek**	[objek]
obstacle (m)	**hinderpaal**	[hinderpāl]
original (m)	**origineel**	[oriχineəl]
part (f)	**deel**	[deəl]
particule (f)	**deeltjie**	[deəlki]

pause (f)	**pouse**	[pæʊsə]
position (f)	**posisie**	[posisi]
principe (m)	**beginsel**	[beχinsəl]
problème (m)	**probleem**	[probleəm]
processus (m)	**proses**	[proses]
progrès (m)	**vooruitgang**	[foərœitχaŋ]
propriété (f) (qualité)	**eienskap**	[æjeŋskap]
réaction (f)	**reaksie**	[reaksi]
risque (m)	**risiko**	[risiko]
secret (m)	**geheim**	[χəhæjm]
série (f)	**reeks**	[reəks]
situation (f)	**toestand**	[tustant]
solution (f)	**oplossing**	[oplossiŋ]
standard (adj)	**standaard**	[standārt]
standard (m)	**standaard**	[standārt]
style (m)	**styl**	[stajl]
système (m)	**sisteem**	[sisteəm]
tableau (m) (grille)	**tabel**	[tabəl]
tempo (m)	**tempo**	[tempo]
terme (m)	**term**	[term]
tour (m) (attends ton ~)	**beurt**	[bøərt]
type (m) (~ de sport)	**soort**	[soərt]
urgent (adj)	**dringend**	[driŋəŋ]
utilité (f)	**nut**	[nut]
vérité (f)	**waarheid**	[vārhæjt]
version (f)	**variant**	[fariant]
zone (f)	**sone**	[sonə]

www.ingramcontent.com/pod-product-compliance
Lightning Source LLC
LaVergne TN
LVHW051341080426
835509LV00020BA/3238